Pauline Salembier

111 Lieux à Montpellier à ne pas manquer

Avec des photographies de Samuel Duplaix

emons:

Crédits couverture : shutterstock.com/Brooke Becker
Crédits photographiques : © David Da Silva sauf
chap. 3 Amphithéâtre d'anatomie Saint-Côme © CCI Hérault ;
chap. 31 Conservatoire d'anatomie, détail sur l'écorché de Paul Richer, faculté de médecine de l'Université de Montpellier © buffet_froid ;
chap. 40 Musée Atger, faculté de médecine de l'université de Montpellier © david_richard (haut) ; salle Bestieu, faculté de médecine de l'université de Montpellier © Université de Montpellier (bas)
Mise en page : Eva Kraskes, d'après un concept de Lübbeke | Naumann | Thoben
Impression et façonnage : Grafisches Centrum Cuno, Calbe

Achevé d'imprimer en 2022
Dépôt légal : septembre 2022
ISBN : 978-3-7408-1292-8

Avant-propos

Septième plus grande ville de France, mais restant à taille humaine, Montpellier possède un indéniable pouvoir d'attraction, grâce à la richesse de son patrimoine, à l'audacieuse créativité de son urbanisme et à la place prépondérante de sa vie culturelle. Pleine de ressources, elle montre aujourd'hui une image dynamique et propose une qualité de vie exceptionnelle où le soleil méditerranéen règne en maître. Étudiante et attractive, elle a su gagner le cœur de ses habitants comme des visiteurs de passage.

Dans cette ville chaleureuse, on se plaît à admirer les beautés du centre-ville au cours de déambulations dans les ruelles étroites, à faire une pause à la terrasse d'un café pour admirer l'animation qui règne sur la place de la Canourgue ou à déguster des spécialités typiques du Sud. Mais Montpellier compte aussi des endroits que l'on ne voit nulle part ailleurs : des mystères du puits de Saint-Roch aux inquiétantes collections du conservatoire d'anatomie, hébergé dans la plus ancienne faculté de médecine du monde, en passant par la surprenante villa des Cent Regards, nous ne sommes pas au bout de nos surprises. Dans le quartier de l'Écusson, il ne faut pas manquer l'architecture qui se conjugue au passé comme au présent, puisque la ville y prend des airs de galerie à ciel ouvert en perpétuelle discussion avec le monde extérieur. Les faubourgs ne sont pas en reste : on y déniche une multitude de richesses patrimoniales singulières prêtes à attiser notre curiosité, comme les superbes folies caractéristiques de la cité. Et en se permettant de petites excursions hors de la ville, on peut profiter de charmantes communes alentour qui regorgent d'endroits étonnants qui méritent que l'on s'y attarde. Ainsi, comme nous, vous laisserez-vous porter par le charme de la « surdouée » et vous plongerez-vous dans ses meilleures histoires ?

Alors comme on dit ici en occitan : « Benvenguda a Montpelhièr ! Aqui sian bèn ! » (Bienvenue à Montpellier ! Ici on se sent bien !)

111 Lieux

1 Les abattoirs

De quartier insalubre à lieu à la mode

Dans les années 80, les abattoirs de la ville ont peu à peu cédé la place à l'École supérieure des Beaux-Arts, qui s'est installée progressivement dans ce quartier en bordure de ville.

Il faut s'imaginer un autre Montpellier, du temps où les troupeaux de moutons descendaient le boulevard Bonne-Nouvelle, passaient devant l'ancienne École des Beaux-Arts (avant qu'elle ne déménage pour laisser place au musée Fabre), pour rejoindre les abattoirs. Au milieu du XIXe siècle, une boucherie, située faubourg Saint-Gély (à l'actuel emplacement du Corum), jugée trop près de la ville, fut déplacée de l'autre côté du Verdanson au lieu-dit du Clos du Macle. C'était la campagne avec ses vignes, ses terres labourables et ses bâtiments ruraux. Tout était favorable pour donner naissance à un quartier aux allures de village avec une fonction dominante, celle du traitement de la viande, qui a été le ferment de toute une vie économique, sociale et culturelle et autour de laquelle s'est forgée durant plus d'un siècle l'identité du quartier. Les tripières et les chevillards – les différents travailleurs des abattoirs – se retrouvaient au bar des Marchands (l'actuel Art Café) où ils prenaient leur pause et petit-déjeunaient copieusement. Ces garçons bouchers avaient des surnoms : « Pique-nique », « Gros bras », « Joue de veau »… et sont devenus des vedettes de ce secteur. La place des abattoirs était animée : bergeries, ateliers de bouchers, va-et-vient des transports de viande rythmaient la vie sur place. Il arrivait que les vaches, sentant leur mort prochaine, s'échappent : c'était alors le grand branle-bas de combat pour les rattraper. Ce quartier était riche de vie, de relations sociales et d'esprit de solidarité, mais sa réputation n'était pas fameuse : le quartier était très pauvre et peu côté.

Les abattoirs ont cessé leur activité au début des années 70. À partir de là, il n'y a plus eu de trace de cette époque ouvrière, des bestiaux sacrifiés. Seuls les bars à proximité sont restés.

Adresse 7 place des Beaux-Arts, 34000 Montpellier | Transports en commun Tram 2, arrêt Beaux-Arts | À savoir Du lundi au samedi se tient sur la place des Beaux-Arts un petit marché de quartier, rendez-vous privilégié des habitants.

2 Les Allégories de McCollum

Quand les statues reprennent vie

Lorsque vous vous promenez sur l'esplanade Charles-de-Gaulle, du côté du Corum, vous tombez nez à nez avec cinq statues colorées disposées côte à côte, mais avec des orientations opposées. Alors que trois d'entre elles se tournent vers le Corum, les deux autres sont tournées vers la rue, dévoilant leurs visages et leurs poses lascives à la vue des passants. L'artiste à l'origine de cette œuvre est Allan McCollum, un New-Yorkais de la deuxième moitié du XXe siècle connu pour ses peintures abstraites où les couleurs prédominent. Dans les années 80, il participe au mouvement simulationniste, qui consiste à produire des « reproductions de reproductions » ou employer des objets manufacturés, comme le faisait Andy Warhol. Les plus célèbres des simulationnistes sont Jeff Koons ou Peter Halley. Ces artistes estiment que le monde actuel est saturé de signes et de représentations qui encombrent le réel au lieu de le dévoiler. Ils s'inspirent de leur lecture de *Simulacres et Simulation* de Jean Baudrillard. Ainsi, l'art devient un instrument de la critique au moment où l'art est un support d'illusions et d'apparences.

En juillet 2000, McCollum installe ses *Allégories* en réalisant cinq copies des statues situées dans le jardin du domaine Bonnier de la Mosson. Elles représentent « une allégorie de la dissolution et de la renaissance : la résurrection par la technologie moderne ». Autrement dit, comment la modernité revisite ces statues qui sont elles-mêmes des évocations de personnes qui ont vécu dans ce domaine et quelle interprétation en donne l'artiste.

Malheureusement, en juin 2009, les œuvres sont vandalisées par un étudiant de l'École nationale supérieure d'art de Cergy-Paris, soutenu par son professeur. Ce dernier envoie un courrier à McCollum vantant l'habilité artistique de son élève ; le leitmotiv de son travail est les actes de vandalisme qui, pour lui, sont des actes « artistiques » et « inspirants ». L'artiste est scandalisé et demande la restauration des œuvres auprès du maire de l'époque. Restauration qui eut lieu l'année suivante.

Adresse Esplanade Charles-de-Gaulle, 34000 Montpellier | **Transports en commun** Tram 1/2/4, arrêt Corum | **À savoir** Si vous vous dirigez vers le quartier des universités, vous découvrirez devant la faculté des sciences ce qu'on appelle familièrement « Le Donut ». C'est en fait une œuvre appelée *Hommage à Confucius* réalisée par Alain Jacquet en 2000, qui symbolise le savoir et la recherche. Le rond et le trait représentent le « 1 » et le « 0 » du système binaire attribué au penseur chinois.

3 L'amphithéâtre d'anatomie Saint-Côme

L'antre des chirurgiens

En vous baladant dans la Grand-Rue Jean-Moulin, un édifice architectural attirera votre regard, avec son dôme octogonal et sa jolie fontaine. Avant d'être occupé par la chambre de commerce et d'industrie dès 1920, le bâtiment accueillait l'amphithéâtre d'anatomie Saint-Côme, construit entre 1752 et 1757 et qui reprenait les plans de l'amphithéâtre de Saint-Côme à Paris, bâti entre 1691 et 1694. En effet, l'architecte montpelliérain Jean Antoine Giral s'est inspiré de l'édifice parisien tout en ajoutant sa touche personnelle. Celui de Montpellier suit la même distribution : un corps axé sur la Grand-Rue avec, au rez-de-chaussée, un portique à la grecque doté de colonnes permettant de voir l'amphithéâtre depuis la rue. De l'autre côté de la cour intérieure se cache un bâtiment à huit côtés où se trouvait la salle d'anatomie. À l'étage, c'était la salle de réunion des chirurgiens. Avec l'escalier central et ouvert, l'architecte souhaitait offrir un bâtiment aux proportions élancées, contrairement à ce qui a été fait pour la rotonde classique parisienne.

Saint Côme est le saint patron des chirurgiens. Il symbolise la reconnaissance – tardive – de cette discipline. En effet, en raison de la renommée de l'école de médecine de Montpellier, on pourrait croire que les dissections effectuées sur des corps humains ne posaient pas de souci et qu'elles étaient comprises dans le programme scolaire. Pas du tout ! L'Église catholique ne l'entendait pas de cette manière et avait interdit ces pratiques – qui étaient pourtant effectuées sous le manteau.

D'ailleurs, pour remettre les choses dans leur contexte, la tradition de la chirurgie prend naissance au XVIe siècle, mais les chirurgiens étaient alors assimilés à des barbiers ! Les barbiers-chirurgiens alternaient entre le scalpel et le ciseau… Cette association originale a disparu au cours du XVIIIe siècle.

Adresse 32 Grand-Rue Jean-Moulin, 34000 Montpellier | Transports en commun Tram 1/2, arrêt Comédie | Horaires d'ouverture Du lundi au vendredi de 8 h 30 à 12 h 30 et de 13 h 30 à 17 h | À savoir Plus haut dans la rue, au 21 Grand-Rue Jean-Moulin, une plaque commémorative rappelle que le résistant Jean Moulin a séjourné dans cet appartement pendant ses années d'étudiant, entre 1919 et 1922.

4 L'ancienne citadelle

De lieu de surveillance à lieu d'enseignement

Les constructions dans le style Vauban sont présentes sur l'ensemble du territoire français. Celle de Montpellier a été bâtie de 1624 à 1627 sur l'ancienne butte Saint-Denis, à l'est de la ville. Son édification a été confiée au capitaine de régiment du roi Charles Chesnel par Louis XIII en se basant sur les idées du célèbre ingénieur royal : de forme carrée, avec quatre bastions en étoile nommés le Roi, la Reine, Ventadour et Montmorency – l'un des principaux opposants au roi pendant le siège de Montpellier fut le duc de Montmorency. Coïncidence ? Ordonné par le roi de France après la prise de Montpellier en 1622, cet ouvrage militaire a été conçu pour intimider les protestants et les pousser à quitter la ville. Elle servait alors de logement aux deux régiments et à la garnison restés pour surveiller la reconstruction de la ville et raffermir le pouvoir royal.

D'apparence classique, la citadelle cache des choses étonnantes, dont un tour de passe-passe ! Si l'on apercevait bien les bâtiments alignés les uns à côté des autres pour accueillir les soldats, c'était un leurre. Lorsque l'on pénétrait dans l'enceinte, on comprenait que les murs étaient vides et que les habitants occupaient de simples tentes. Grâce à cette forme massive, l'architecte souhaitait faire croire que la structure à l'apparence imposante était invincible et imprenable. De plus, tout avait été calculé afin que les assaillants ne voient pas les gardes situés dans les échauguettes et les demi-lunes pour protéger les courtines.

Après des destructions à la Révolution française, ce lieu retrouve sa fonction militaire en 1816 et des casernements sont bâtis entre 1863 et 1876. Depuis 1947, la citadelle accueille le lycée Joffre – qui occupait auparavant les locaux de l'ancien collège des Jésuites dans la rue Girard. Il a vu défiler des hommes célèbres montpelliérains comme Paul Valéry, André Gide, Auguste Comte, mais aussi le prince Rainier de Monaco et Michel Galabru.

Adresse 150 allée de la Citadelle, 34000 Montpellier | Transports en commun Tram 1/2/4, arrêt Corum | Horaires d'ouverture Du lundi au vendredi de 7 h 45 à 17 h 45 | À savoir En 2021, le prince Albert II de Monaco a inauguré une plaque dans l'enceinte du lycée Joffre en l'honneur de son père, le prince Rainier III, qui a séjourné à Montpellier pendant ses années lycée entre 1941 et 1943.

5 L'aqueduc Saint-Clément et son château d'eau

Approvisionner Montpellier en eau

Au bout de la superbe promenade du Peyrou se trouvent le château d'eau et l'aqueduc Saint-Clément, qui permettent l'acheminement de l'eau en plein centre-ville depuis le XVIIIe siècle. Bâti sur un enrochement masquant le réservoir, le château d'eau surplombe un bassin. Ce « temple des eaux » est un polygone à six côtés, dont les colonnes portent des chapiteaux corinthiens. Le décor rappelle le thème de l'eau : roseaux, bénitiers, filets de pêche, rames, masques de dieux fluviaux… En contrebas, trois arches inégales relient le réservoir à l'aqueduc.

Construit entre 1753 et 1765 par l'ingénieur hydraulicien Henri Pitot sur le modèle des aqueducs romains et en particulier du pont du Gard, l'aqueduc capte l'eau de la source Saint-Clément, située à environ 14 kilomètres au nord, et l'achemine jusqu'au château d'eau. La canalisation mesure 17 479 mètres. Enterrée sur la plus grande surface du parcours, elle est taillée dans le substrat rocheux et ses parois latérales sont maçonnées. Des arches lui permettent de franchir les dépressions de terrain sur 1 371 mètres. La partie la plus visible, dite « les Arceaux », est monumentale : la canalisation est alors portée sur plus de 820 mètres par deux rangées d'arcades superposées qui traversent un terrain dénommé « vallon de la Merci ». L'aqueduc se termine sur la colline de Peyrou. De là, l'eau est distribuée dans les différentes fontaines de la ville construites à la même période pour lutter contre les épidémies, offrir de l'eau potable aux habitants et éviter les incendies. Au milieu du XVIIIe siècle, la politique hydraulique de la ville se met en place. Une volonté esthétique accompagne le souci d'alimentation en eau. Sculpteurs et architectes sont appelés pour réaliser des fontaines destinées aux places de Montpellier.

Aujourd'hui, l'aqueduc a perdu sa fonction première, mais reste un des éléments patrimoniaux les plus spectaculaires de la ville.

Adresse 155 rue Hilaire-Ricard, 34000 Montpellier | Transports en commun Tram 3/4, arrêt Peyrou – Arc-de-Triomphe | Horaires d'ouverture Tous les jours de 7 h à 21 h 30 | À savoir Toutes les nuits depuis 2007, l'aqueduc se pare de bleu, couleur emblématique de Montpellier. Œuvre de Yann Kersalé, l'illumination du monument est la première phase d'un projet intitulé « La Nuit des Liens », parcours de lumière imaginé dans la ville.

6 L'Arbre Blanc

Entre Méditerranée et Japon

Cette architecture singulière part d'un concours de la Folie Richter (nom du projet de construction de 109 logements collectifs, bureaux, commerces, restaurants et parkings) lancé par la ville en 2014. Son objectif était d'édifier une tour-signal destinée à enrichir le patrimoine architectural de la ville. Cette idée audacieuse prend en compte l'environnement, les habitations, les commerces et les lieux de vie du quartier. Le cabinet d'architectes OXO, composé de Manal Rachdi et de Nicolas Laisné, a décidé de faire appel au talent du Japonais Sou Fujimoto pour faire naître ce projet d'envergure. Ensemble, ils inventent la tour de l'Arbre Blanc.

Les architectes se sont concentrés sur la dimension humaine en créant des espaces publics aux deux extrémités du bâtiment : en bas, le rez-de-chaussée est un espace vitré qui donne sur la rue ; en haut, sur le toit, un bar et un espace commun sont réservés aux résidents afin que les habitants des étages inférieurs puissent profiter de la vue. Le projet est pensé au service du « vivre-dehors ». Chaque propriétaire a une vue sur le quartier qui l'entoure.

Les trois agences d'architecture ont imaginé un bâtiment inspiré d'un arbre, hérissé de balcons et d'ombrières qui rythment et protègent sa façade. L'abondance de balcons et de pergolas favorise ce fameux « vivre-dehors » et engendre un nouveau type de rapports entre les habitants. Les espaces extérieurs exceptionnels créent de vraies pièces à vivre qui se développent à l'extérieur des appartements permettant ainsi à ses occupants d'habiter à la fois dedans et dehors, un luxe pour une métropole baignée de soleil 80 % de l'année ! L'Arbre Blanc, c'est la blancheur éclatante des pierres du sud qui s'allie à la pureté et au raffinement de la culture japonaise. C'est enfin l'exaltation d'une liaison harmonieuse entre l'Homme et le monde, entre l'intérieur et l'extérieur, propre à la culture taoïste, qui converse avec la générosité, l'expressivité et la joie de vivre méditerranéennes.

Adresse Place Christophe-Colomb, 34000 Montpellier | Transports en commun Tram 1/3/4, arrêt Place-de-l'Europe | Horaires d'ouverture Restaurant sur le toit-terrasse : du mardi au samedi de 12 h à 13 h 30 et de 19 h 30 à 21 h 30 ; Galerie La Serre : du mercredi au samedi de 10 h 30 à 13 h et de 14 h 30 à 19 h | À savoir L'agence Art et Patrimoine possède la galerie La Serre au rez-de-chaussée de l'Arbre Blanc. Ce fonds d'art dispose d'une collection dense, en constante évolution selon les projets mis en place. Il fait partie de ces nouveaux lieux culturels qui font la promotion de l'art accessible à tous.

7 Les arts décoratifs à l'hôtel de Cabrières-Sabatier d'Espeyran

La vie comme au XVIIIe siècle

Au départ de l'esplanade Charles-de-Gaulle, aventurez-vous dans l'une des rues étroites, la rue du Montpelliéret, et arrêtez-vous devant la façade ornée de colonnes qui va attirer votre regard. Vous ne pouvez pas la manquer ! Avant d'être la propriété du musée Fabre, cet hôtel particulier appartenait à la famille de Cabrières-Sabatier d'Espeyran, issue de la haute société montpelliéraine. L'édifice a été construit entre 1874 et 1875 pour le comte Charles Despous de Paul. L'un des héritiers de la famille, François Sabatier est aussi connu comme l'un des bienfaiteurs du musée Fabre, ami de Gustave Courbet et du mécène Alfred Bruyas. Le cardinal de Cabrières, évêque de Montpellier de 1873 à 1921, a contribué au rayonnement de ce superbe édifice. En 1967, Renée de Cabrières, épouse de François Sabatier d'Espeyran, offre son hôtel et ses collections à la ville de Montpellier selon la volonté de son mari. En 2003, l'ensemble est transféré à la communauté d'agglomération de Montpellier qui commence des travaux de réhabilitation à la suite d'un dégât des eaux.

Fort d'un espace rénové par l'architecte Emmanuel Nebout entre 2008 et 2010, cette demeure historique, devenue le département des arts décoratifs du musée Fabre, illustre magnifiquement la vie et les mœurs des sociétés bourgeoise et aristocratique des XVIIIe et XIXe siècles. Ainsi, l'hôtel met en scène un ensemble d'objets bien conservés, dont une remarquable collection de mobilier, ainsi qu'un fonds exceptionnel de céramiques et de pièces d'orfèvrerie. Des salons d'apparat du XIXe siècle en passant par des mobiliers d'époque Napoléon III, on ne peut qu'admirer cet édifice agrémenté d'ornements et d'aménagements du XVIIIe siècle, créés par des ébénistes réputés comme Belfort, Pillot, Delorme, Sené, Bury ou Fromageau.

Adresse 6 rue Montpelliéret, 34000 Montpellier | Accès Tram 1/2, arrêt Comédie ou 1/2/4, arrêt Corum | Horaires d'ouverture Du mardi au dimanche de 14 h à 18 h | À savoir Sur une place non loin, la boutique Les Bougies de Charroux est une entreprise familiale originaire de l'Allier. Elle existe depuis 15 ans et fabrique encore ses bougies de façon artisanale avec des produits de qualité. En 2013, elle a obtenu le label de qualité RAL, qui confirme la qualité de ses bougies aux senteurs naturelles (2 rue Glaize, 34000 Montpellier).

8_L'AteLiées

Pour créer et se lier

Bienvenue à l'AteLiées, un lieu-village imaginé par plusieurs artisans vivant en communauté, qui propose des ateliers – comme l'indique son nom. Le groupe, composé en majorité de femmes, a décidé de se réunir pour travailler dans des ateliers séparés, mais qui cohabitent dans un même espace pour mettre en avant leurs savoir-faire dans une boutique commune.

Ce concept est né d'un état des lieux de la créatrice à l'origine du projet, Carole Akdogan, verrière-fondeuse de métier. Après 2 années passées au sein de la couveuse Context'art, qui lui ont permis de découvrir les conditions de travail des artistes et des artisans d'art, elle s'est rendu compte que de plus en plus de créateurs étaient à la recherche de lieux où recevoir des élèves, des partenaires et des clients, ou de boutiques dans lesquelles exposer et vendre leurs créations. Elle est aussi partie du constat que les prix des ateliers et des stands d'évènements étaient souvent onéreux. Elle a donc décidé, en collaboration étroite avec Angéline Clermont, maîtresse-verrière, de rédiger un projet en janvier 2017 et de se mettre en quête d'un local en avril de la même année.

Elles ont créé l'APARe, une structure associative permettant de gérer la location de locaux pour des projets partagés. Il leur fallait un lieu assez grand et proche du centre qui pouvait accueillir de nombreuses activités éclectiques. Leur projet connut un succès fulgurant, et, en un rien de temps, les huit ateliers professionnels étaient réservés. L'AteLiées a accueilli de nombreux artistes tels que Camille Adra, Sarah Delanchy, Gaëlle Charlot, Chloé Seguin, Débit de Beau, mais aussi des artisans d'art et des corps de métiers uniques. Carole et Angéline privilégient les acteurs locaux, qui favorisent les circuits courts, tout en ayant une exigence de professionnalisme et de qualité. Leur projet permet d'enraciner et de développer les activités de création au cœur de la ville de Montpellier et est ouvert à tous.

Adresse 8bis rue André-Michel, 34000 Montpellier, www.lateliees.com | **Transports en commun** Tram 3, arrêt Saint-Denis | **Horaires d'ouverture** Du mercredi au samedi de 11 h à 19 h. Il est possible de visiter les ateliers sur demande | **À savoir** Au 28 rue Paul-Brousse, le magasin bio spécialisé dans les produits cévenols nommé Le Sentier des Cévennes ravira vos papilles (www.boutiquespaysannes.fr/sentiers-de-cevennes).

9 Les ateliers Saint Roch

Un quartier de talents

Un quartier chargé d'histoire médiévale, une ambiance culturelle, et treize artisans pour vous accueillir dans leurs ateliers hors du commun. C'est le pari de l'association Les ateliers Saint Roch, installée dans le quartier du même nom et qui réunit des ateliers-boutiques divers sous une même bannière. Ces lieux de création indépendants font le lien entre créativité et savoir-faire en produisant des objets en série limitée ou des pièces uniques. Parmi les treize ateliers, on découvre six céramistes, une verrière, deux galeries d'exposition, deux lieux de création de textiles, une créatrice de bijoux et d'accessoires, ou encore une galerie boutique !

En porcelaine ou en grès, la céramique se dévoile sous différents aspects dans les ateliers des Emaillé.e.s, de MademoiselleS Céramique, de Myriam A, de Mr Zébulon ou de 500 Degrés, de façon utilitaire ou esthétique, mais aussi sous forme de portraits de famille chez Pétillante Céramique. On trouve aussi des créatrices qui fabriquent et vendent des vêtements et accessoires féminins personnalisables comme Mir. A et Sunny Moon L'Atelier. L'Atelier des Merveilles nous embarque dans son univers épris de symboles : Frida Kahlo, l'Asie, le nombre d'or, la nature et les oiseaux… Autant d'inspirations représentées sur ses bijoux et ses accessoires de tout genre.

Depuis juin 2018, Montpellier a reçu le label Ville et Métiers d'Art, un prix d'excellence qui valorise les créateurs de la ville. D'ailleurs, si vous êtes à la recherche de charmants objets, vous n'êtes pas au bout de vos surprises. Dans ce joli méli-mélo de concepteurs se cache un lieu original : l'atelier-galerie Frammenti, dédié à la mosaïque et à ses techniques ancestrales, tenu par une créatrice italienne passionnée dont les objets valent le détour.

Sans oublier Bien Fait Pour Vous, la boutique aux mille couleurs qui vous attire dans les univers d'artistes et d'artisans de styles et provenances différents.

Adresse Saint-Roch, 34000 Montpellier. Retrouvez toutes les adresses des ateliers, leurs horaires et leur catalogue à l'adresse www.ateliers-st-roch.com | **Transports en commun** Tram 4, arrêt Saint-Guilhem – Courreau | **À savoir** Il n'existe pas moins de 30 luthiers à Montpellier. Certains ont leur propre atelier, d'autres logent dans des hôtels particuliers prestigieux. Venez notamment découvrir l'atelier de David Ayache, qui restaure des violons, des altos et des violoncelles modernes et baroques (2 rue Cauzit, 34000 Montpellier, www.davidayacheluthier.com).

10 Les atlantes et les cariatides

Colonnes antiques venues d'Athènes

Avez-vous déjà vu ces statues d'hommes et de femmes qui ornent les bâtiments haussmanniens, par exemple ceux visibles sur la place de la Comédie ? On les appelle des atlantes, pour les hommes, et des cariatides, pour les femmes.

Vêtues de longues tuniques et soutenant un entablement sur leurs têtes, les cariatides tirent leur nom de la ville de Karyes, en Grèce. Dans la Grèce antique, ces figures gracieuses ornaient le plus souvent des colonnes – les plus connues sont d'ailleurs érigées sur le baldaquin de l'Érechthéion, sur l'acropole d'Athènes. Si elles ont été délaissées au cours du Moyen Âge, elles reviennent à la mode pendant la Renaissance, période charnière qui fit la part belle au retour des cultures gréco-romaines. À Montpellier, ces statues monumentales datent du XIXe siècle et sont dressées sur les façades des hôtels particuliers ou des immeubles haussmanniens pour remplacer des colonnes ou des pilastres. On en retrouve sur la place de la Comédie, le long des rails du tramway, face à l'esplanade Charles-de-Gaulle, mais aussi au 72 Grand-Rue Jean-Moulin, soutenant un balcon en fer forgé, ainsi qu'à l'angle de la rue Baudin. L'une des cariatides a les yeux mi-clos, l'autre tient un caducée, et la dernière, les yeux grand ouverts, porte une corne d'abondance.

Les atlantes, figures masculines représentées debout ou agenouillées, étaient déjà utilisés dans certains temples grecs ou romains, on les nommait alors « télamons ». Leur nom provient du titan grec Atlas, qui porte le monde sur ses épaules. Dans le centre-ville, on peut en voir plusieurs, notamment sur la façade de l'hôtel Richer de Belleval, place de la Canourgue, où deux atlantes sculptés portent le balcon, mais aussi rue de Maguelone et rue Castilhon. Ceux-ci rappellent ceux de l'hôtel Maurel de Pontevès, situé sur le cours Mirabeau à Aix-en-Provence. De même, deux atlantes décorent la façade de l'immeuble de la rue Foch où fut tourné *L'emmerdeur*, avec Jacques Brel et Lino Ventura.

Adresse Dans différentes rues de la ville : place de la Canourgue, 10 rue Foch, à l'angle de la place de la Comédie, 13 place de la Comédie, 72 Grand-Rue Jean-Moulin, rue de Maguelone, rue de Castilhon, rue Baudin, 34000 Montpellier | **À savoir** L'hôtel Baudon de Mauny est situé en plein cœur historique de Montpellier et date du XVIIIe siècle. Il accueillait depuis 2007 des chambres d'hôtes, fermées en 2021. C'est actuellement un lieu d'exposition d'art éphémère, et seul l'avenir pourra nous dire quelle sera sa prochaine vocation (1 rue de la Carbonnerie, 34000 Montpellier).

11_Les Bains de Montpellier

Lieu de détente d'hier et d'aujourd'hui

Au détour d'une rue cachée derrière l'illustre opéra Comédie se trouvent les anciens bains de Montpellier, devenus un restaurant. Construits en 1770, ils ont été bien conservés et réhabilités par les propriétaires actuels. Ils se trouvent dans le quartier des étuves, appelées aussi « bains chauds ». Ces bains privés étaient réservés à une clientèle aisée, avec des services adaptés : salon de thé *in situ* et de l'eau chaude que l'on pouvait emporter à domicile pour son utilisation personnelle. À cette époque, on commençait à comprendre que la lutte contre les maladies passait par l'hygiène. Par la suite et jusqu'au XXe siècle, l'établissement fut fréquenté par des étudiants qui n'avaient pas de salle de bain.

En 1963, le lieu ferma ses portes pour des raisons de sécurité. Laissé à l'abandon pendant 35 ans, il fut racheté par Claude Dieudonné et ses associés, en 1998. Deux ans de travaux furent nécessaires pour stabiliser la chapelle voisine des Pénitents Bleus qui poussait le bâtiment. L'idée première était d'en faire un hôtel, mais ils se décidèrent pour un restaurant, qui attire toujours autant de curieux aujourd'hui. Désireux de valoriser le patrimoine, ils firent appel au décorateur sétois Guy Falco pour réhabiliter le lieu, notamment les écritures d'autrefois sur la façade, les numéros en chiffre romain des salles de déshabillage, les rambardes et les verrières.

Désormais, les convives peuvent s'attabler dans les anciennes cabines de déshabillage rénovées. Les douches ont été transformées pour l'occasion en salles à manger, dont certaines sont situées sous une verrière métallique qui relie l'ensemble du bâtiment, avec une vue sur le patio extérieur. On y trouve aussi des salles plus intimistes, qui rappellent l'esprit d'origine du lieu. Les briques sur les murs ont été conservées, les parquets en bois et les tapis, des boiseries cloutées et des fauteuils en velours de différentes couleurs donnent le ton. Quant à la cuisine, les plats proposés sont faits maison et de qualité.

Adresse 6 rue Richelieu, 34000 Montpellier, les-bains-de-montpellier.com | **Transports en commun** Tram 1/2, arrêt Comédie ; Tram 3/4, arrêt Observatoire | **Horaires d'ouverture** Du mardi au samedi de 12 h à 14 h et de 19 h 30 à 23 h 30 | **À savoir** L'hôtel Nova, situé dans la même rue, et l'hôtel des Arts (avenue Victor-Hugo) sont des lieux confortables si l'on est de passage dans la cité.

12 La Barbote

La meilleure représentante des bières de Montpellier

Depuis peu, à Montpellier, on compte une vingtaine de boutiques et de bars qui possèdent leur propre brasserie artisanale. Le Détour, Bear's House, Couleurs de Bières, Zoobrew… Autant de noms pour des bières aux saveurs variées, brassées sur place ou pas loin.

La meilleure bière de Montpellier se trouve à La Barbote. Cette microbrasserie est située en centre-ville, derrière la gare, depuis 2015. On l'associe aussi à un *brewpub*, c'est-à-dire une brasserie artisanale moderne où l'on peut consommer les bières sur place – une sorte de « bistrot-brasserie » ou « brasserie en libre-service », mais aussi un bar de quartier à l'ambiance conviviale. Plus de 100 bières de qualité sont brassées par ses propriétaires passionnés. Chaque année une nouvelle sorte voit le jour avec un mélange de style classique ou plus original, allant de l'IPA aux Sour, Lager, en passant par les Triple. La bière artisanale veut donner une nouvelle image proche des traditions, mais ouverte sur le monde actuel. Selon les saisons et les envies des clients, une restauration de type pub – avec burgers, bagels, fritures ou charcuterie – accompagne les dégustations de bière. N'oublions pas la grande cave voûtée médiévale qui héberge soirées théâtre, anniversaires, conférences ou karaokés pour faire des rencontres !

Il faut savoir que la majorité des brasseries de la ville participe au festival de bières Beer Love Festival. Il existe depuis 2016 et a lieu pendant 5 jours en septembre tous les ans. Cette fête met en valeur les bières artisanales confectionnées à Montpellier, mais aussi des villes environnantes. Cet évènement permet de réunir les professionnels et les passionnés de cette pratique. La bière est la boisson multimillénaire qui rassemble de ses saveurs variées. Montpellier est l'un des territoires les plus actifs du milieu brassicole français grâce au nombre important de ses consommateurs, principalement de jeunes étudiants, et à la qualité de sa production.

Adresse 1 rue des Deux-Ponts, 34000 Montpellier | Transports en commun Tram 1/2/3/4, arrêt Gare-Saint-Roch | Horaires d'ouverture Tous les jours de 17 h à 1 h | À savoir Le Réservoir est la *taproom* (lieu qui sert des bières) des brasseries Brewing Bear's, Sacrilège et Le Détour. C'est un véritable tiers-lieu où se croisent bières artisanales, foodtrucks, ambiance musicale et évènements culturels dans un cadre hors du temps avec une grande terrasse extérieure (55 rue de Montels-Saint-Pierre, 34070 Montpellier).

13_Les bars à cocktails

De l'Asie à l'Amérique

Esprit avant-gardiste ou lounge, cadre minimaliste ou exotique, ambiance décalée ou dansante : à Montpellier, chacun peut trouver un bar à son goût. Commençons par Le Parfum, le haut de gamme dans le domaine des bars à cocktails. Ce lieu existe depuis bientôt 9 ans et se situe dans le quartier des Beaux-Arts. C'est un bar atypique sur le thème de l'Asie qui propose de la restauration faite maison, à consommer sur place ou à emporter. Mais son principal atout, c'est sa large variété de cocktails ! Les amateurs de saveurs originales et créatives seront servis. Le bar est aussi spécialisé dans la taille de la *clear ice* (la glace pure), qu'ils produisent, découpent et façonnent eux-mêmes pour des *drinks* 100 % haut de gamme. L'objectif, vous l'aurez compris, est de proposer quelque chose d'atypique et luxueux pour leurs clients en demande de surprises. Une ambiance dépaysante sur fond de playlist électro entraînante.

Quant au Papa Doble, il a été classé parmi les 50 meilleurs bars du monde en 2011. Les clients sont accueillis en sous-sol, sous une voûte mystique éclairée par des lumières tamisées et des bougies. Les petits coins intimistes, l'ambiance festive et les cocktails de qualité font de ce bar un lieu idéal et branché pour les jeunes Montpelliérains. Le fondateur a également investi dans un ancien karaoké pour le transformer en un bar à cocktails baptisé Aperture, en hommage au diaphragme par lequel la lumière voyage en photo. Le lieu fait penser à un *speakeasy*, un type de bar clandestin américain particulièrement répandu au cours de la Prohibition, cette période pendant laquelle la vente d'alcool était interdite aux États-Unis. L'originalité : les mixologues travaillent sans shakers et sans verres à mélange. Côté boisson, le bar propose une dizaine de créations renouvelées tous les 3 mois. L'autre particularité, un jeu de lumière fait changer les couleurs du bar au fur et à mesure de l'avancée de la soirée. Innovant, non ?

Adresse Le Parfum : 55bis rue de la Cavalerie ; Papa Doble : 6 rue du Petit-Scel ; Aperture : 2 rue des Trésorier-de-la-Bourse, 34000 Montpellier | Horaires d'ouverture Le Parfum : du mardi au samedi de 19 h à 1 h ; Papa Doble : du lundi au samedi de 18 h à 1 h ; Aperture : du mardi au samedi de 18 h à 1 h | À savoir D'autres bars à cocktails valent le détour. Le Mustang, place Castellane, ou le Rhum Runner sont particulièrement à la mode.

14 Les bâtiments de l'esplanade

Le cadeau du Cercle des étudiants

L'esplanade, premier jardin extérieur de Montpellier, réalisée après la place de la Canourgue, était un lieu de promenade très prisé au XIXe siècle. Cet espace aéré et vert s'est doté petit à petit de lieux culturels, notamment le Pavillon Populaire et l'espace Dominique Bagouet.

Mais revenons à l'origine de la construction de ces lieux, qui n'avaient pas de vocation culturelle à la fin du XIXe siècle. Alors que Montpellier est une ville universitaire réputée pour ses facultés de droit et de médecine, la jeune Association générale des étudiants de Montpellier, appelée Cercle des étudiants, fondée en 1887, a besoin d'un nouveau local pour remplacer celui qu'elle occupe rue du Clos-René, trop exigu. Avec le soutien de la municipalité, l'architecte Léopold Carlier conçoit et fait construire le Pavillon Populaire, un édifice surélevé au style néo-renaissance agrémenté d'un portique en pierre et orné de sculptures. L'intérieur est composé d'une très grande salle des fêtes, de plusieurs bureaux, d'une bibliothèque, d'une salle de conférences, d'une salle de billard et, encore plus insolite, d'une salle de gymnastique et d'hydrothérapie – le grand luxe pour nos chers étudiants. Mais en 1905, le cercle connaît de grosses difficultés financières et doit céder le bâtiment à la ville. Depuis 2001, il devient un espace municipal consacré à la photographie. Trois expositions sont présentées par an en moyenne.

Le bâtiment qui se trouve à côté se nomme l'espace Dominique Bagouet, du nom du danseur et chorégraphe qui fut une figure connue de la danse contemporaine à Montpellier. Il a également été conçu par Léopold Carlier à la fin du XIXe siècle dans le même style que le Pavillon Populaire, mais avec une surface beaucoup plus petite. C'est un lieu d'exposition d'art et de patrimoine qui met en lumière les œuvres des artistes régionaux du XIXe et du XXe siècle. Et, bonne nouvelle, sa visite est libre et gratuite.

Adresse Esplanade Charles-de-Gaulle, 34000 Montpellier | **Transports en commun** Tram 1/2, arrêt Comédie | **Horaires d'ouverture** Du mardi au dimanche de 10 h à 13 h et de 14 h à 18 h (19 h en été) | **À savoir** Pour encore plus de culture, le théâtre Jean Vilar, installé dans le quartier de la Mosson à l'ouest de Montpellier, propose une programmation variée, ouverte à tous : théâtre, chanson française, cirque, spectacles pour le jeune public… (155 rue de Bologne, 34080 Montpellier).

15_Le Bistrok

Consommer et repartir avec les meubles

Le Bistrok est un restaurant au cœur du quartier Saint-Roch dont le concept est original : tout est à vendre… sauf le personnel ! Mais pour les meubles, vous pouvez y aller : tables, chaises, verres, couverts, vous pouvez tout emporter chez vous si vous le souhaitez. Le mobilier et la décoration sont produits à Bali par des artisans locaux et faits de matériaux recyclés, comme des conteneurs, des barils d'huile ou même des fûts de pétrole.

Cet endroit insolite est né de l'imagination de trois amis de longue date, Joris, Maylis et Rémy qui, après un cursus dans la restauration et des expériences dans différents établissements, ont voulu mettre leur énergie et leur savoir-faire au service de leur propre restaurant. Le Bistrok voit alors le jour ! La cuisine est faite maison avec des produits frais aux saveurs du monde. Les plats ont été réfléchis et élaborés avec sérieux pour les omnivores comme pour les végétariens. La carte est personnalisée avec soin et adaptée à chaque profil. Les vins sont présentés directement sous les voûtes médiévales de la cave ; les gérants se transforment alors en cavistes ! On y trouve une sélection de vins de différentes régions du monde avec des tarifs affichés pour la vente à emporter ou pour la consommation sur place.

Un autre restaurant propose un concept similaire : La Grange. Si vous cherchez des babioles à acquérir ou à revendre certaines petites choses, vous avez bien choisi… Ici, pas de vide-greniers dans une grange poussiéreuse : on découvre un joli lieu pour se restaurer, avec quelques objets à vendre qui traînent de-ci de-là. Autre concept tout aussi original, Du Thé et Des Laines est un lieu insolite proposant de la restauration faite maison avec des produits bios locaux et issus du commerce équitable, ainsi que des laines artisanales teintes à la main dans la « tranquili-thé ». Il n'est pas besoin de savoir tricoter pour apprécier une pause gourmande au calme dans ce repaire des amateurs de laines.

Adresse 9 rue de la Fontaine, 34000 Montpellier | Transports en commun Tram 3/4, arrêt Observatoire | Horaires d'ouverture Du mardi au samedi de 11 h 30 à 14 h et de 18 h 30 à 22 h 30 | À savoir Dans un tout autre style, le restaurant Le Vertigo permet de prendre de la hauteur, puisqu'il se trouve sur un *rooftop* avec une piscine. Ne vous emballez pas pour cette dernière, elle est réservée aux clients de l'hôtel. Mais vous pourrez profiter de la vue exceptionnelle sur la ville dans un cadre chic (1 rue des Pertuisanes, 34000 Montpellier).

16_Le Bord de mer à Palavas

Courbet à Montpellier

Le musée Fabre est le projet ambitieux d'un homme, François-Xavier Fabre, qui a vu le jour grâce au soutien de nombreux donateurs. On y découvre autant de pièces issues de l'époque moderne que contemporaine – le musée possède dans sa collection de remarquables œuvres de Daniel Buren, Pierre Soulages ou encore Germaine Richier, sculptrice montpelliéraine de la première moitié du XXe siècle. Concernant la période moderne, il ne faut pas passer à côté des œuvres de Gustave Courbet, qui mit à profit son séjour à Montpellier pour réaliser certaines de ses plus grandes œuvres telles que *Bonjour Monsieur Courbet* et *Le Bord de mer à Palavas*.

Attardez-vous sur cette dernière œuvre qui vaut le détour, commande d'Alfred Bruyas lors du premier séjour de Courbet à Montpellier en 1854. Pour le peintre originaire de Franche-Comté, les paysages de mer du Languedoc et de la Méditerranée furent une révélation. Ce tableau de petit format est divisé en deux parties : la plage de Palavas et la mer en bas, le ciel en haut. Seuls la silhouette de l'artiste qui salue la mer et les quatre voiliers se détachant sur le ciel viennent rompre l'horizontalité de la composition. Le ciel présente une sous-couche bleu-vert recouverte de glacis légers avec des empâtements de peinture rosée et quelques pointes de rouge-orangé. On peut y voir la mer en arrière-plan, foncée au loin, et qui s'éclaircit près du rivage. L'eau constitue le véritable sujet de cette œuvre. Elle se perd parmi les formes – rochers, sable, flaques, rouleaux de vagues – qui s'estompent.

Toute cette partie, entre terre et mer, n'est que prétexte à un subtil jeu chromatique où les couleurs se fondent en des nuances bleu-gris, bleu pâle, gris-vert, vert glauque, ocre, brunes, orangées, rose pâle ou blanc pur. Courbet reprendra plus tard ces variations chromatiques à Trouville en 1865, puis dans cette longue série des *Paysages de mer* qu'il peindra en Normandie jusqu'en 1869.

Adresse Musée Fabre, 39 boulevard Bonne-Nouvelle, 34000 Montpellier | Transports en commun Tram 1/2, arrêt Comédie ou 1/2/4, arrêt Corum | Horaires d'ouverture Du mardi au dimanche de 10 h à 18 h | À savoir Rendez-vous derrière le musée Fabre, au 2 rue de la Salle-l'Évêque, pour admirer l'hôtel particulier de Girard, aujourd'hui lieu consacré à l'hébergement et à des évènements de type séminaires.

17 Le boulet de canon

Le détail insolite dissimulé dans le mur

Au n° 30 de la rue des Étuves se trouve un élément insolite dont peu de gens connaissent l'existence… Au-dessus de la porte se trouve un rond noir intriguant. Ce détail surprenant n'est autre qu'un boulet de canon incrusté dans le mur qui date de 1622, date où les guerres de Religion faisaient rage en France, et notamment à Montpellier.

Ce boulet de canon a probablement été envoyé depuis la tour de la Babote (voir chap. 72) lors d'un siège et aurait atterri en haut de la maison. Lors d'un ravalement de façade, cet élément aurait été réinstallé dans le mur plus bas pour servir de témoignage de cet épisode douloureux pour les familles de la ville.

L'histoire de ce boulet est liée au siège de Montpellier par les troupes du roi de France au cours de l'année 1622. Montpellier était alors une ville tenue par les huguenots (surnom donné aux protestants), et Louis XIII, roi de France, voulait rétablir son autorité dans la région et dans cette cité importante. Il l'assiégea depuis l'extérieur des remparts pendant 50 jours, et surveillait ses troupes depuis son quartier général au Mas du consul Étienne Aymeric, vers Castelnau-le-Lez, au nord de Montpellier. Les troupes s'établirent sur une butte, au-dessus de la porte de la Saunerie (anciennement dans la rue de la Saunerie, à côté du boulevard du Jeu-de-Paume). Le siège fit énormément de bruit et de victimes. Il fut finalement levé grâce à l'intervention de pacifistes qui réussirent à faire cesser les affrontements. Le 20 octobre 1622, les combattants huguenots ouvrirent les portes au roi de France, qui fit une entrée triomphante à Montpellier à travers une haie de gens qui criaient : « Vive le roi et miséricorde ! »

Si Louis XIII rétablit la religion catholique et son autorité, il sut se montrer clément envers ses opposants, à une époque où, des deux côtés des murs, on n'avait pas pour habitude de faire la part belle au vaincu.

Adresse 30 rue des Étuves, 34000 Montpellier | **Transports en commun** Tram 3/4, arrêt Observatoire | **À savoir** Allez prendre un café de qualité au Café Bun pour savourer de grands crus de café venus des quatre coins du monde torréfiés sur place. Il est également possible d'acheter des sachets de café torréfié, décaféiné ou pas, moulu ou non, et même de commander en ligne (5 rue des Étuves, 34000 Montpellier) !

18 Les boutiques hybrides

Magasins d'un autre genre

Depuis le réaménagement du boulevard du Jeu-de-Paume et du boulevard Ledru-Rollin fin 2016, de nouveaux lieux hybrides se sont développés afin de proposer à leurs clients une tout autre expérience de détente, avec des intérieurs *cosy*, des menus sains et même une sélection de produits de seconde main à chiner.

C'est le cas de la boutique Palma, un endroit charmant aux multiples facettes, qui propose un espace café pour prendre une pause, de la vente de vêtements, de décoration d'intérieur et de produits issus de l'artisanat. Elle organise aussi des expositions d'art temporaires. La boutique s'inspire des tendances, donne une ambiance calme et apaisée où la créativité vient à vous. Dans la même veine, la boutique Hybride Concept Store, dans la même rue, propose une offre assez similaire, avec en plus la vente de restauration rapide et saine, du mobilier design, ainsi que la location d'une arrière-salle pour les professionnels en recherche de lieu provisoire. Elle se définit comme présentant des goûts éclectiques avec des nouveautés chaque semaine.

Depuis décembre 2019, la boutique Régal s'est installée à Montpellier sur le boulevard Ledru-Rollin. C'est un lieu ouvert et convivial, un mélange de galerie d'art, de brocante et de boutique avec une sélection d'objets de créateurs-designers, qui fait aussi office de restaurant et de café. Cet espace de 140 mètres carrés est très animé grâce aux évènements culturels (expositions, résidences d'artistes, ateliers créatifs, rencontres et signatures…) et culinaires (soirées de dégustation, ateliers avec des chefs invités, rencontres vigneronnes…) L'idée est de proposer des pièces originales et singulières à la vente, notamment des disques et du mobilier en édition limitée, et de mettre en avant de jeunes talents. La musique de fond, agréable et joyeuse, donne à ce lieu une ambiance particulière qui nous replonge dans la nostalgie des années 70 et 80.

Adresse Palma et Hybride Concept Store : 32 et 12 boulevard du Jeu-de-Paume ; Régal : 10 boulevard Ledru-Rollin, 34000 Montpellier | Transports en commun Tram 4, arrêt Saint-Guilhem – Courreau | À savoir Dans le même esprit, au 55 rue Estelle, se trouve le Joy Yoga & Healthyfood, qui propose des plats sains et équilibrés dans une décoration attrayante et zen (joy-yoga-healthyfood.fr).

19 Le bras de fer

Enseigne éponyme

Dans le labyrinthe qu'est le quartier Saint-Roch se dissimule une ruelle singulière, caractéristique du Moyen Âge : la rue du Bras-de-Fer. En cherchant du regard, on découvre un élément original : une enseigne en fer en forme de bras qui surgit de la façade et qui tient une lanterne. Ce détail atypique est visible depuis la rue de l'Ancien-Courrier, derrière les guirlandes qui l'ornent de part et d'autre.

Ce bras de fer a une histoire. S'il a donné son nom à la rue, il le tient lui-même d'une auberge. Ce logis se situait à l'angle de la rue des Trésoriers-de-la-Bourse et de l'actuelle rue du Bras-de-Fer. En effet, on trouve mention, le 7 mars 1734, de la vente par messire de Guilleminet, à un certain Ledru, rôtisseur, d'une hôtellerie appelée le Bras de Fer. Apparemment, le restaurant devait se trouver dans la partie basse et l'hôtel dans celle la plus haute. Ce commerce eut tant de succès qu'on débaptisa la rue des Vanniers pour la transformer en « rue du Bras-de-Fer ». L'auberge a fermé, et son emplacement accueille à présent le Bookshop, une librairie anglaise sur deux niveaux, où il est possible de se perfectionner dans la langue de Shakespeare et de participer aux animations proposées.

Pour en revenir à la rue, celle-ci se termine par un arc gothique, le plus ancien témoignage des passages montpelliérains. Ceux-ci permettaient aux bourgeois d'agrandir leurs habitations, mais furent interdits par Jacques d'Aragon au XIIIe siècle (voir chap. 85). Aujourd'hui cette rue est l'une des plus photographiées de l'Écusson. Depuis peu, elle l'est encore davantage, grâce à des street artistes qui l'ont mise en avant à la demande des commerçants de la rue. En effet, l'Association des commerçants de la rue du Bras-de-Fer a commandé des œuvres artistiques *in situ*, notamment à Sunra et Oups, pour valoriser leurs commerces et donner envie aux personnes de passage de s'arrêter et d'admirer l'architecture médiévale combinée aux fresques modernes.

Adresse 8 rue du Bras-de-Fer, 34000 Montpellier | Transports en commun Tram 3/4, arrêt Observatoire | À savoir Auparavant, la rue était connue comme la rue des Vanniers, car elle accueillait de nombreuses boutiques dédiées à la vannerie.

20 Le Carnaval des animaux et des hommes

Figures artistiques insolites

Des artistes contemporains ont répondu à l'appel visant à orner les quartiers qui bordent le centre-ville de Montpellier de différentes manières. Dans le cadre de ce projet, non loin du Corum, dans le quartier des Beaux-Arts, l'artiste Betka Siruckova a représenté un carnaval des animaux en trompe-l'œil. Réalisée en 2010, cette œuvre est composée d'un ensemble de structures métalliques montrant des animaux domestiques et d'une peinture murale figurant des ombres de mâts en trompe-l'œil. L'œuvre est en lien direct avec l'histoire de ce quartier, qui fut celui des abattoirs au XXe siècle, mais aussi le quartier des défilés du carnaval. La fresque fait également référence à l'opéra *Le Carnaval des animaux* de Camille Saint-Saëns, écrit en 1886 à Vienne, pour un concert de Mardi gras organisé chez le violoncelliste Charles Lebouc. Grâce à cette représentation, le compositeur souhaitait faire rire ses compatriotes sans tomber dans le grotesque – pour ne pas ternir sa propre réputation, Saint-Saëns fit, par la suite, interdire l'œuvre ! De nos jours, ce pastiche musical est régulièrement joué à l'opéra Comédie pour le plaisir des enfants de tous âges.

Dans un style tout aussi moderne, dans le quartier Odysseum, les *Points of view* de l'artiste anglais Tony Cragg sont placés depuis 2007 à l'entrée sud-est d'Antigone. Il s'agit de trois colonnes en bronze, hautes d'environ 10 mètres, elliptiques, qui s'enroulent vers le ciel en des formes étranges qui dessinent des profils de visages humains. Séduit par le panorama de la place et son animation incessante, l'artiste a disposé ses colonnes sinueuses qui se voient de loin et attirent l'œil. La mise en place de ces totems a nécessité un réaménagement de l'espace urbain et la réalisation d'un rond-point. Si, au Moyen Âge, des portes marquaient et protégeaient l'entrée de la ville, Montpellier est devenue une cité moderne, qui s'inscrit dans son temps.

Adresse Juste derrière l'arrêt Corum, au croisement de la rue du Faubourg-de-Nîmes et de la rue Font-du-Pila-Saint-Gély, 34000 Montpellier | **Transports en commun** Tram 1/2/4, arrêt Corum | **À savoir** Tous les ans, au mois de mars, a lieu le carnaval dans le quartier des Beaux-Arts avec un thème particulier. L'association de quartier Beaux-Arts Pierre Rouge organise cet évènement pour les enfants la journée, et le soir laisse place à la fête déguisée pour les adultes !

21 Le Carré Sainte-Anne

Une église peut cacher un lieu d'art

Qui n'a jamais été attiré par ce haut clocher qui domine tout le centre de Montpellier ? Mais à qui appartient-il et quelle est son histoire ? Si vous vous rendez sur l'une des places les plus jolies du centre-ville, vous découvrirez une église originale construite à la fin du XIXe siècle à l'emplacement d'une église devenue trop exiguë en raison de l'essor économique de Montpellier en parallèle au développement du commerce du vin.

Sainte-Anne a été conçue pour être vue de loin : son clocher culmine à plus de 69 mètres. À l'intérieur, l'espace s'organise en trois nefs séparées par de fines et hautes colonnes de 12 mètres de haut. Le style néogothique a été choisi par l'architecte Jean Cassan : il a réutilisé les modèles de cathédrales de l'époque, élancées et tout en longueur. Approchez-vous près de l'entrée principale et vous verrez des sculptures atypiques qui semblent soutenir les niches de part et d'autre. Voyez ces personnages en dessous qui peinent sous l'effort fourni. On dit qu'ils seraient un hommage aux constructeurs de cet édifice, poussés à bout par cette tâche bien difficile. Un siècle plus tard, le devenir de l'église change radicalement : n'ayant plus d'utilité cultuelle, elle est désacralisée en 1986 et récupérée par la ville, qui décide de la transformer en un lieu d'exposition d'art contemporain appelé le Carré Sainte-Anne dès 1991. Cet espace de 600 mètres carrés a été réaménagé et reconverti pour sa nouvelle fonction. Il accueille également des festivals toute l'année.

La direction a toujours cherché à privilégier les artistes contemporains locaux (peintres, photographes, plasticiens, etc.) menant une carrière régionale, nationale ou internationale, comme Robert Combas, Hervé Di Rosa ou Pierre Soulages, en leur offrant un espace dédié à toutes les formes d'art. Par exemple, l'exposition « Déluge » de Barthélémy Toguo a su transmettre le regard de cet artiste camerounais sur notre période, avec émotion.

Adresse 2 rue Philippy, 34000 Montpellier | Transports en commun Tram 3/4, arrêt Peyrou – Arc-de-Triomphe | Horaires d'ouverture Actuellement fermée pour travaux | À savoir Proche de ce lieu insolite se trouve la N5 Galerie, nichée au 5 rue Sainte-Anne et en lien avec un autre espace contemporain situé dans le quartier des Beaux-Arts de Montpellier, Le Lieu Multiple. La N5 Galerie propose des expositions avec des thèmes recherchés et parfois des performances qui attirent l'attention. Prenez le temps de vous arrêter et de jeter un œil à ces lieux d'art de qualité !

22 La chambre peinte

Chambre à coucher et statut social

Au Moyen Âge, la draperie était l'industrie principale de la ville et a fait la fortune de nombreux commerçants montpelliérains. Alors que les draps provenaient des quatre coins de l'Europe, Montpellier avait le monopole pour la coloration des tissus en rouge et en bleu. La rue des Drapiers était un marché de draps de laine réputé.

L'hôtel de Gayon est un lieu symbolique dans lequel de nombreux propriétaires différents se sont succédé – c'est aujourd'hui une résidence Habitat Jeunes. Au XIIIe siècle, ce bâtiment était l'*ostal* (« maison » en occitan) de la famille Carcassonne, de riches propriétaires qui s'y étaient installés pour faire affaire dans le drap. Chaque pièce avait une fonction précise, à l'image de la chambre à coucher peinte à l'étage qui occupait une place centrale dans la vie de la famille. En effet, au Moyen Âge, la chambre était un lieu de parade : elle servait de cadre à divers évènements clés de la vie familiale, comme les naissances, les deuils ou les festivités de noce. Ainsi, dans cette pièce étaient affichés les signes de distinction du statut des Carcassonne représentés par des peintures murales évocatrices : une frise raconte la vie de saint Eustache, le patron des drapiers, se lisant de gauche à droite, comme une bande dessinée.

La narration est tirée de la *Légende dorée*, livre reconnu de la littérature médiévale. L'histoire du saint se déroule dans un paysage végétal et débute avec l'apparition d'un cerf et la discussion avec le général romain Placide. Ce dernier se fait baptiser par l'évêque de Rome. Puis vient l'exil de saint Eustache et de sa famille qui perdent leurs biens. Ils embarquent pour l'Égypte, mais n'ayant pas de quoi payer, le saint est jeté à la mer par le capitaine du navire qui garde son épouse en gage. La malchance perdure : Eustache assiste impuissant à l'enlèvement de ses fils, un par un lion et l'autre par un loup. La fresque devait se poursuivre par les épisodes romanesques des retrouvailles d'Eustache et des siens et leur retour à Rome, mais la suite a été perdue au fil du temps.

Adresse 3bis rue de la Vieille, 34000 Montpellier, www.habitat-jeunes-montpellier.org | **Transports en commun** Tram 1/2, arrêt Comédie | **Horaires d'ouverture** Visites sur réservation via l'office de tourisme de Montpellier au 04 67 60 19 19 | **À savoir** Habitat Jeunes est un foyer de jeunes travailleurs dont les missions sont d'assurer l'hébergement et la restauration des jeunes actifs entre 16 et 29 ans, de favoriser leur insertion sociale et professionnelle dans divers domaines, et de permettre leur prise d'autonomie en facilitant leur émancipation par le logement.

23 La chapelle de la Maison des Chœurs

Un lieu entre santé et musique

Montpellier est marquée par ses nombreux lieux dédiés à la médecine et fut un pôle d'excellence au Moyen Âge et encore aujourd'hui. En 1678, la cité était sous la domination du roi Louis XIV qui ordonna la création d'un hôtel général pour les pauvres et les indigents, nommé hôpital Saint-Charles. La construction d'une chapelle associée dédiée à saint Charles Borromée, afin de renforcer la foi des internés, débute avec les architectes Antoine Armand et Jacques Cubizol à partir de 1680 sur l'emplacement de l'ancien couvent des Carmes, et est terminée seulement en 1756 selon les plans de l'architecte Jean Giral. Son agencement, avec ses deux niveaux de tribunes liés aux étages de l'hôpital, permettait aux pensionnaires d'assister aux offices sans risquer de contaminer les personnes saines. Les hommes et les femmes étaient séparés. On accédait à la cour par un portail prévu à cet effet, mais ce dernier fut détruit lors de la création de la place Albert-1er à la fin du XIXe siècle, puis réaménagé afin de préserver le bassin et le platane centenaire.

Après de nombreuses restaurations et le classement de la chapelle au titre des monuments historiques en 1947, le cabinet montpelliérain Daedalus Architecture réalisa des aménagements entre 2004 et 2006 afin de créer les conditions acoustiques requises, intégrer des salles de répétition et mettre aux normes la chapelle tout en la valorisant d'un point de vue patrimonial. Devenue Maison des Chœurs, la bâtisse est rachetée par la ville qui la dédie, depuis 2006, à la promotion du chant choral. En effet, les choristes amateurs et professionnels peuvent louer l'espace et prennent plaisir à utiliser ce lieu aux bonnes résonnances sonores pour des évènements ou des concerts.

Aujourd'hui, des pièces sont partagées en plusieurs zones avec des locaux destinés à l'enseignement de la musique, deux studios de répétition, un espace scénique et une salle de spectacle.

Adresse Place Albert-1er, 34000 Montpellier | Transports en commun Tram 1/4, arrêt Albert-1er | Horaires d'ouverture Ouverte pendant les concerts. Pour visiter, il faut passer par l'office de tourisme de Montpellier (tél. 04 67 60 60 60) | À savoir Avant de se produire dans la chapelle, il faut s'entraîner ! L'association Voix à tous les étages est une association montpelliéraine qui propose des cours de chant de différents styles, allant de la chorale à la pop ou au gospel. Plus de 250 choristes, professionnels ou amateurs, l'ont déjà rejointe.

24 Le château de Castries

L'histoire d'une famille particulière

Construit au XVIe et au XVIIe siècle sur des bases médiévales, le château de Castries est un lieu lié à l'histoire de la famille de La Croix, qui acheta la baronnie en 1495. Elle adopta le nom de Castries (en plus de son nom) et laissa une empreinte profonde dans l'histoire régionale et nationale aux XVIIe et XVIIIe siècles. Le château est surnommé « le Petit Versailles du Languedoc », car les familles qui s'y sont succédé ont notamment profondément marqué l'histoire du commerce. Entouré d'un jardin à la française et d'un aqueduc amenant l'eau sur ses terres, ce lieu constitue un ensemble d'éléments architecturaux et naturels symbolique des particularités des alentours de Montpellier.

Mais les décors extérieurs qui entourent le château diffèrent un peu de ce qu'on a l'habitude de voir : le square Coste rend compte de l'église romane qu'il y avait autrefois, écroulée en 1870. On y voit des vestiges de la nef avec ses arcs et ses colonnes surmontées de chapiteaux sculptés représentant des épisodes bibliques, dont certains étaient peints. Sous le sol se trouvent une crypte et des tombes de seigneurs des lieux des XVe et XVIe siècles. L'église possédait un clocher-mur que le peintre Jean-Marie Amelin avait dessiné vers 1830. Au-dessus du square, un élément insolite attire notre attention. Sur une pierre de taille de Castries se trouve un cadran solaire cubique datant de la deuxième moitié du XVIIe siècle. Deux faces sculptées font l'angle. Elles montrent les heures de la journée et deux inscriptions sont mentionnées : « Miroir de la journée » d'un côté et « 1667 » de l'autre.

Le château a été classé monument historique en 1966. Après une première campagne de restauration à la fin des années 2000 qui a porté sur les toitures, il fit l'objet d'un important chantier de restauration en 2017, portant sur les intérieurs et le mobilier. Depuis l'achèvement des travaux à la fin 2021, ce lieu unique est de nouveau ouvert au public pour le plaisir des touristes qui découvrent ce lieu marquant de l'histoire.

Adresse Rue du Château, 34160 Castries | Accès En voiture depuis Montpellier prendre la D 613 | Horaires d'ouverture Tous les jours de 9 h à 19 h (17 h 30 en basse-saison) | À savoir Le château de la Mogère, du début du XVIIIe siècle, mérite aussi un arrêt pour son mobilier d'époque Louis XV et Empire bien conservé. Un thème revient souvent : celui des quatre saisons, que l'on retrouve à l'intérieur sur les gypseries, les peintures et les meubles, et à l'extérieur sur la terrasse, agrémentée de statues du Printemps et de l'Été (2235 route de Vauguières, 34000 Montpellier).

25 La Chouette Parenthèse

Une pause bien méritée pour les parents

La Chouette Parenthèse est un « café poussette », le seul lieu à Montpellier à accueillir les enfants, mais aussi les futurs parents, oncles tantes ou grands-parents, afin d'échanger ensemble… Car l'arrivée d'un bébé est un véritable tsunami : émotionnel, psychique, organisationnel, social, voire professionnel, il n'est pas toujours facile d'être parent lorsqu'on se sent isolé ou impuissant.

À la suite de ce constat, Marjolaine et Chloé, qui s'étaient rencontrées un an auparavant, ont décidé d'ouvrir cet endroit unique en 2021 pour faire se rencontrer de futurs et de nouveaux parents et les soutenir ou les accompagner de façon bienveillante. L'expérience de la maternité a guidé leurs choix, pour que ce lieu réponde aux besoins et envies de tous ceux qui passent du temps avec des tout-petits.

Depuis, le projet a été lancé et cela fonctionne – même si Chloé a décidé de voguer vers de nouvelles aventures. La Chouette Parenthèse propose un lieu de vie engagé et chaleureux à travers trois espaces. Le premier : un salon de thé *kids friendly* où l'on peut profiter d'un service de restauration couplé avec un lieu de jeux pour les tout-petits. Tout est adapté aux jeunes parents et aux enfants, avec du matériel à disposition – les parents peuvent enfin prendre une pause bien méritée. Le second est une boutique présentant des produits éthiques et éco-responsables dans les domaines de l'enfance et de la maternité ; une offre alternative aux boutiques de puériculture classiques. Le troisième : des ateliers collectifs ou individuels autour de la forme physique, de la santé, du bien-être, des activités créatives et ludiques pour accompagner les parents, à partager en famille ou pour soi. Un trait d'union entre les familles et les professionnels de la périnatalité et de la petite enfance. Bref, plein d'activités pour apprendre ensemble, et prendre soin des bidons ronds, des grands yeux émerveillés et des parents en construction.

Adresse 15 boulevard Louis-Blanc, 34000 Montpellier, www.lachouetteparenthese.com | Transports en commun Tram 1/4, arrêt Louis-Blanc | Horaires d'ouverture Du mercredi au samedi de 10 h à 18 h | À savoir Vous êtes à la recherche d'un très bon coiffeur à l'écoute de vos envies capillaires qui utilise des produits sains pour vos cheveux ? Choisissez Frisstyle, au 23 boulevard Pasteur, vous ne serez pas déçu !

26 Le cinématographe Pathé

Le premier cinéma de Montpellier

L'ancien cinématographe Pathé, connu sous le nom de Centre Rabelais, fait partie des centres culturels réalisés dans la continuité des projets de modernisation du XIXe siècle. Construit en 1908 par l'architecte bordelais Hector Loubatié et le Montpelliérain André Cassan, ce lieu dédié au cinéma ouvrit ses portes du côté du boulevard Sarrail. À l'époque, on accédait à l'intérieur par deux escaliers situés de chaque côté du grand hall d'entrée. Les spectateurs s'y rendaient comme on se rend à un spectacle ; le 7e art tout juste arrivé en ville attirait alors de nombreuses personnes. Témoin exceptionnel des premiers cinémas du sud de la France, car plus ancien cinéma de Montpellier, le cinématographe s'inspirait des théâtres et des music-halls de son époque, mais a fermé ses portes en 1980. Pourtant, au centre d'un fronton circulaire se dresse toujours le coq, emblème des frères Pathé. Le volatile, symbole français, surmonte un grand arc encadrant trois ouvertures. Ces immeubles ont été recensés et classés monuments historiques, labellisés Patrimoine du XXe siècle.

Après la fermeture, la façade de style néoclassique fut restaurée, et le bâtiment, devenu le Centre Rabelais en l'honneur de celui qui fit une partie de ses études et enseigna à la faculté de médecine de Montpellier, accueille aujourd'hui diverses manifestations, notamment des conférences ou des congrès. Si l'ancien cinématographe Pathé comptait 1 000 places à l'origine (parterre et balcon), le Centre Rabelais propose actuellement 400 places assises dans une salle municipale polyvalente. Les évènements sont nombreux et variés – c'est, par exemple, dans ses murs qu'est organisée tous les ans la célébration de la mort de saint Roch, par l'Association de Saint-Roch. L'endroit retrouve régulièrement sa vocation cinématographique à l'occasion de divers évènements, comme le Festival du cinéma méditerranéen et le Festival chrétien du cinéma, au cours duquel de nombreuses projections sont mises en place.

Adresse Centre Rabelais, 27 boulevard Sarrail, 34000 Montpellier | **Transports en commun** Tram 1/2, arrêt Comédie | **Horaires d'ouverture** Lieu ouvert seulement pour des manifestations (réservation au 04 67 60 53 70) | **À savoir** À Montpellier, il est possible de se rendre dans des cinémas grand public comme le Gaumont Comédie ou le Gaumont Odysseum, ou d'opter pour des cinémas indépendants qui valorisent le cinéma d'auteur tels que le Diagonal, l'Utopia et le Nestor Burma. De plus, le festival What a trip ! est dédié aux films de voyage et d'aventure et a lieu tous les ans la dernière semaine de septembre.

27 Le Circus

Art populaire dans un bâtiment classique

Non loin de la place Jean-Jaurès, dans une petite rue sinueuse et étroite, se trouve un bar à l'ambiance de cirque. Ce lieu atypique a ouvert ses portes au XXe siècle. Ses propriétaires, passionnés de cirque, ont créé un univers féérique, inspiré des bâches peintes des chapiteaux d'autrefois qui annonçaient des animaux exotiques, comme les hippopotames ou les anacondas géants. Sur les murs, on admire des tentures de velours rouge qui donnent une atmosphère de salon intime. Les luminaires suspendus au niveau du bar sont en réalité des tambours de fanfare reconditionnés. Plus loin, on découvre l'emblème du Circus, un luminaire unique, dessiné par Jean-François Monjo, un des propriétaires de l'établissement. Au plafond, des diables colorés et malicieux ont été peints par l'artiste montpelliérain Yannick Gicquel sur le modèle des décorations de Noël typiques en Allemagne.

Un café associé à un art populaire situé dans un hôtel particulier chic, n'est-ce pas merveilleux ? L'hôtel se nomme « Magny », du nom de la famille italienne Manii qui l'a habité dès 1470. Réaménagé au début du XVIIe siècle, il devient propriété des Cabanès de Puymisson au XVIIIe siècle.

Au XXe siècle, l'hôtel change totalement de fonction et est transformé en imprimerie, puis en restaurant gastronomique, Le Cercle des Anges. Puis, le Circus apparaît et, depuis, beaucoup de festivités s'y déroulent régulièrement comme des soirées artistiques ou des défilés de mode. Ce lieu original a une cour intérieure aux fines arcades qui était autrefois l'entrée des chevaux. Des éléments de décor contemporains viennent se mêler aux structures médiévales, dont les superbes voûtes gothiques du XIVe siècle, conservées et classées, avec des armoiries gravées rappelant le pouvoir des familles qui ont habité ce lieu. Géré par Annie Yague et ses frères, le Circus est ouvert au public et ne cesse de fasciner.

Adresse 3 rue Collot, 34000 Montpellier | Transports en commun Tram 1/2, arrêt Comédie | Horaires d'ouverture Du lundi au samedi de 18 h à 1 h | À savoir L'Écocirque, un cirque 100 % humain donc sans animaux, s'installe régulièrement près du rond-point du Zenith. Il propose de faire découvrir au jeune public l'univers du cirque de façon éthique et responsable (www.facebook.com/EcocirqueAndreJosephBouglione/).

28 Citron

Une boutique acidulée et responsable

C'est dans une des rues les plus pittoresques de l'Écusson que se niche Citron, un salon de thé gourmand et chaleureux, parfait pour les amateurs de sucreries et d'ambiance sympa. Vous pourrez vous y installer confortablement pour déguster des plats et des pâtisseries à toute heure. Sucré ou salé, tout est fait maison et cuisiné sur place à partir de produits frais, sains et de saison.

Citron est l'histoire d'une gourmande qui a voulu changer de vie pour partager son plaisir des bonnes choses et son sens de l'accueil. Après une première vie professionnelle loin des fourneaux, Cécile a tout quitté pour se consacrer à ses gâteaux et créer sa boutique, qu'elle gère depuis plus de 5 ans. Au déjeuner, c'est une cuisine simple et saine qui vous est proposée : des soupes, tartes, gratins, cakes ou brioches salés par exemple. La carte des boissons est également alléchante : des tisanes et thés bios, des boissons maison, des jus de fruits artisanaux et du café torréfié à Montpellier. Aujourd'hui entourée d'une équipe de pâtissières, Cécile combine idées modernes et originales et grands classiques, toujours animée par une vraie recherche de saveur. Tartes amandines aux pommes et cakes au citron côtoient des desserts raffinés et techniques : éclairs pécan-café, entremets chocolat-gingembre, bavarois abricot-romarin… il y en a pour tous les goûts ! Son savoir-faire est, de fait, reconnu : en 2021, Citron a été récompensé de deux médailles d'or au concours Hérault Gourmand pour une tarte fraises-amandes-verveine et un cookie chocolat-noisettes-fleur de sel. Et si le cœur vous en dit, vous pourrez emporter ou commander les pâtisseries : Cécile s'adapte à toutes les envies en créant des produits sur mesure pour les grandes occasions. Mais le charme de Citron ne se trouve pas seulement dans l'assiette : mobilier vintage et vaisselle chinée, chouette musique retro, fauteuils confortables ; tout est fait pour passer un bon moment. Aux beaux jours, un joli jardin caché vous accueille même au calme du tumulte du centre-ville.

Adresse 1 rue du Bras-de-Fer, 34000 Montpellier | **Transports en commun** Tram 1/2, arrêt Comédie | **Horaires d'ouverture** Du mardi au samedi de 12 h à 18 h 15 (le samedi jusqu'à 19 h) | **À savoir** Si vous cherchez une alternative vegan, la boutique Les Demoiselles de Montpellier est faite pour vous. Toutes les pâtisseries sont sans gluten, sans lait ou sans œufs, et peuvent être préparées au format familial pour les grands évènements (2 rue de la Carbonnerie, 34000 Montpellier).

29 Les clous des pèlerins

Marcher sur les pas des pèlerins

Si vous ne baissez pas les yeux, vous déambulerez certainement dans Montpellier sans vous rendre compte que vos pieds foulent des clous en bronze de 11 centimètres, plantés dans le sol. Ces objets étonnants reprennent les tracés empruntés par les pèlerins de Saint-Jacques-de-Compostelle depuis le Moyen Âge en direction des différents lieux de culte. Ces marcheurs arrivaient par la porte du Pila Saint-Gély et ressortaient de la ville par le faubourg de la Saunerie ou la rue Saint-Guilhem. Ville étape depuis 9 siècles, Montpellier était un lieu privilégié pour se reposer dans les auberges ou se soigner dans les hospices. Les pèlerins pouvaient également consulter des savants et des médecins, qui étaient nombreux dans la cité au cours de cette époque prospère. Ils s'arrêtaient alors à l'église Notre-Dame-des-Tables pour vénérer la Vierge noire, réputée miraculeuse. Ainsi, le pèlerinage a contribué à l'essor économique et culturel de la ville.

En juillet 2004, la mairie de Montpellier a inauguré 300 clous, disposés tous les 5 mètres. Œuvre de deux artistes, le sculpteur aveyronnais Pierre Fournel et le fondeur héraultais reconnu Robert Granier, ils ont été réalisés à l'image de ceux placés dans les rues des villes les plus importantes de l'itinéraire vers Saint-Jacques. Chaque clou comporte la coquille, symbole du pèlerinage et preuve que les pèlerins étaient bien arrivés sur les plages du cap Finisterre, où avait accosté la barque de l'apôtre. Ils portent également le nom de la ville traversée et la mention en occitan *Camin Roumieu* (« le chemin qui mène à Rome »), mention signifiant les routes de pèlerinage. En effet, les clous ont été apposés sur le tracé de la Via Tolosana, l'une des quatre routes qui amènent vers Saint-Jacques-de-Compostelle, reliant Arles à Toulouse, en passant par Montpellier, Saint-Guilhem-le-Désert et Lodève. Loin d'appartenir au passé, le chemin de Saint-Jacques s'inscrit plus que jamais dans notre temps, comme en témoignent les pèlerins contemporains qui passent régulièrement rendre visite à saint Roch.

Adresse Suivre les clous au sol à partir de la rue du Pila-Saint-Gély jusqu'à la place Saint-Roch | **Transports en commun** Tram 1/2/4, arrêt Corum | **À savoir** Le sanctuaire de Saint-Roch accueille les pèlerins (chrétiens ou non) en route vers Saint-Jacques. Les voyageurs peuvent y faire tamponner leur crédenciale, sorte de « passeport du pèlerin », et être hébergés dans le presbytère (bureau dans l'église Saint-Roch ou au 4 rue de Vallat, 34000 Montpellier).

30_Coiffure Roland

Un salon pas comme les autres

Arrêtez-vous devant la devanture du salon de coiffure de Roland. On y aperçoit une tête en bas-relief à droite de l'entrée principale, vous ne pouvez pas la manquer ! Avez-vous aussi remarqué les œuvres présentes un peu partout à l'intérieur ? Osez jeter un œil, vous ne serez pas déçu par ce voyage artistique.

Chez Roland est un coiffeur pour hommes ouvert quelques jours par semaine. À l'intérieur, on y voit des toiles joyeuses qui créent une ambiance originale dans un lieu accueillant. Passionné de peinture et ami de longue date avec l'artiste sétois Hervé Di Rosa, Roland a fait de son salon un musée accessible à tous. Pour le remercier de couper les cheveux de son fils, l'artiste a créé l'enseigne du salon et lui a offert une belle *Vierge de la Macarena*, la vierge des corridas, une passion commune chez les deux hommes qui se retrouvent régulièrement dans les gradins des spectacles de tauromachie. De Di Rosa, Roland possède aussi un magnifique tableau nommé *Coquillages surprenants*. Des têtes de taureaux ornent le lieu, observant les clients qui y entrent tels des toreros entrant dans l'arène. Le salon accueille également les œuvres d'autres artistes de la région : Vincent Bioulès, Pierre François (de la lignée des frères artistes François), ou encore Adrien Seguin, qui a étudié à l'École supérieure des Beaux-Arts de Montpellier. Au fond, un tableau signé de Mystik représente le propriétaire coupant les cheveux d'un client en musique. Sur la voûte arrondie se trouve une devise : « La corrida dans la tête », qui confirme l'intérêt du propriétaire pour la tauromachie, issue des traditions espagnoles.

Alors, salon de coiffure ou galerie d'art contemporain ? En activité depuis plus de 10 ans, ce lieu hybride attire toujours autant de clients fidèles, et même de nouveaux amateurs qui se rendent chez leur coiffeur préféré. Bien plus qu'une coupe de cheveux, le salon offre une halte hors du temps, dans une ambiance à cheval entre peinture et spectacle.

Adresse 23 rue de l'Aiguillerie, 34000 Montpellier | Transports en commun Tram 1/2, arrêt Comédie | Horaires d'ouverture Du jeudi au samedi de 8 h 30 à 12 h et de 14 h 30 à 18 h 30 | À savoir Arrêtez-vous au bar à chats Le Chat Gourmand pour vous détendre en compagnie de félins en tout genre tout en dégustant une tasse de thé ou de café (1 rue de l'Université, 34000 Montpellier).

31 Le conservatoire d'anatomie

Visite passionnante et effrayante

Vous aimez frissonner et les films d'horreur ne vous font plus peur ? Le conservatoire d'anatomie accueille des objets étonnants qui ont permis de grands progrès sur la connaissance du corps humain. Ouvert en 1852 pour présenter des collections rassemblées depuis 1795, le conservatoire possède une incroyable série de 45 cires anatomiques créées par le céruloplasticien Felice Fontana, anatomiste florentin du XVIIIe siècle, créateur d'un musée des sciences naturelles à Florence. À cette époque, de célèbres médecins et chirurgiens léguaient des pièces provenant de cas pathologiques observés en milieu hospitalier. Pièce rare, *L'écorché* d'Alphonse Lami est conservé ici. L'ensemble, illustrant l'anatomie « normale », mais aussi « déficiente », fut un précieux outil de travail pour les étudiants en médecine avant le développement des techniques actuelles d'exploration du corps humain.

Confié à l'architecte départemental Charles Abric, le bâtiment prolonge l'ancien palais épiscopal vers le Jardin des plantes, du côté du boulevard Henri-IV. Le style s'inspire de la Renaissance italienne, notamment les fenêtres du rez-de-chaussée. Là se trouvent les services administratifs et le laboratoire d'anatomie actuel. Les collections anatomiques se trouvent au premier étage, dans un superbe espace rectangulaire rappelant la salle aux colonnes du musée Fabre. On repère l'allégorie des sciences, représentée par le peintre montpelliérain Jean-Pierre Monceret ainsi que 22 portraits de médecins, qui figurent sur les médaillons sous la voûte. Et enfin, le décor en trompe-l'œil est l'œuvre du fresquiste suisse Tommaso Baroffio.

Ce lieu a la chance de recenser 5 600 objets relatifs aux études de médecine, du Moyen Âge à nos jours, notamment les résultats de dissections dans des bocaux, préparées pour des concours, des achats, des dons... Une visite qui fait frémir... d'intérêt.

Adresse 2 rue de l'École-de-Médecine, 34000 Montpellier | **Transports en commun** Tram 3/4, arrêt Peyrou – Arc-de-Triomphe | **Horaires d'ouverture** Fermé pour travaux jusqu'à la fin de l'année 2022. L'exposition temporaire « Corps à cœur : Innovations pédagogiques en anatomie et progrès thérapeutiques du XVIIIe siècle à nos jours » est visitable au sein du bâtiment historique de la faculté de médecine via l'office de tourisme | **À savoir** En 2011, la faculté de médecine de l'université de Montpellier a récupéré des collections des anciens musées anatomiques Delmas-Orfila-Rouvière de la faculté de Paris. Le musée DOR présente une sélection de 8 000 pièces, ainsi que les grands formats de la collection du musée forain de Pierre Spitzner.

32_La coquille de l'hôtel de Sarret

Un vœu pour une coquille

Au détour de la rue de la Coquille, dans la continuité de l'hôtel de Sarret, vous ne pouvez pas manquer la trompe d'angle la plus connue de France ! Curiosité architecturale et prouesse technique, cette réalisation a été installée au XVIIe siècle, en même temps que la construction de l'hôtel particulier de son propriétaire, la famille Sarret, par l'architecte Simon Levesville. Auparavant se trouvait ici une maison médiévale appartenant à Jean de Sarret, conseiller à la Cour des comptes, aides et finances. Les Montpelliérains l'ont surnommé « coquille », ce qui a donné son nom à la rue et, par extension, à l'hôtel particulier. La coquille forme le retour de la façade principale, conçue avec un décor rustique à la française et de la façade secondaire de style gothique. À l'intérieur de l'hôtel, un escalier central à rampe embellissait le lieu. Il disparut à la suite de remaniements au XVIIIe siècle. Le luxe du décor maniériste et la combinaison des styles architecturaux font la réputation de cet édifice. Une seconde trompe est conservée dans la cour qui diffère de la coquille extérieure.

Considérée comme la plus étendue de France, la coquille a eu plusieurs fonctions : tout d'abord, la rue médiévale étant originellement étroite, les charrettes qui passaient n'auraient jamais pu emprunter cette voie si l'édifice n'avait pas été creusé à l'angle. Des chasse-roues (pierres disposées de part et d'autre de la rue) permettaient aussi de délimiter des espaces, ce qui était pratique pour les transports et les chevaux.

La deuxième utilisation était pour les pèlerins. En effet, Montpellier étant une étape vers Saint-Jacques-de-Compostelle, les marcheurs se rendaient jusqu'à la coquille par superstition : ils devaient toucher le centre concave et faire un vœu. Puis ils continuaient leur voyage vers la cathédrale Saint-Pierre. Aujourd'hui encore, ce détail insolite suscite l'intérêt – n'oubliez pas de faire un vœu en y passant, on ne sait jamais.

Adresse Au niveau du magasin Hugo Boss, 6 rue du Palais-des-Guilhem, 34000 Montpellier | **Transports en commun** Tram 3/4, arrêt Peyrou – Arc-de-Triomphe | **À savoir** Dans la même rue se trouve le restaurant La Coquille, où les plats sont généreux et l'ambiance conviviale. Le chef propose des rendez-vous, comme le couscous royal du mardi et les spécialités lyonnaises à partir du jeudi, sans oublier les poissons frais grillés à la plancha (1 rue du Plan-du-Palais, 34000 Montpellier).

33 Le Corum

Le nouvel écrin des manifestations culturelles

Le terme grec *quorum* signifie, en droit des sociétés, le nombre minimal de membres d'une assemblée sans lequel une délibération ne peut être valide. Mais si vous vous posez la question : le Corum montpelliérain n'a rien à voir avec son homonyme grec. Construit en pierre de granit rose venue de Finlande par l'architecte Claude Vasconi, le Corum trône au bout de l'esplanade Charles-de-Gaulle depuis 1990 et se divise en plusieurs espaces distincts : un opéra dédié aux spectacles et représentations culturelles, un palais des congrès et un grand espace exposition. Il a été conçu comme un édifice minéral qui fait écho à la citadelle, bâtie au début du XVIIe siècle après le siège de Louis XIII (voir chap. 4). Au sommet du Corum se trouve un charmant belvédère, le rendez-vous des amoureux qui s'y retrouvent pour admirer la vue qui s'étend vers le sud-est jusqu'à la mer. On y aperçoit le faubourg de Nîmes, la Maison des relations internationales et les toits en tuiles qui forment une palette de couleurs à couper le souffle. Au loin, on devine également le pic Saint-Loup et, à ses côtés, le pic de l'Hortus, plus petit, qui annoncent le début de la chaîne des Cévennes.

À l'intérieur du bâtiment, l'artiste sétois Hervé Di Rosa a réalisé une magnifique fresque s'étirant sur une vingtaine de mètres. Elle représente des personnages loufoques et rieurs accompagnés de musiciens endiablés.

En 2001, l'opéra Berlioz fusionne avec l'opéra Comédie sous l'impulsion de René Koering, surintendant à la musique, et Philippe Grison, directeur délégué de l'Orchestre national de Montpellier, pour donner vie à l'Opéra Orchestre national Montpellier Occitanie. Aujourd'hui de nombreux amateurs viennent assister à des productions réputées, réparties dans les deux antennes. Par ailleurs, la salle de l'opéra Berlioz du Corum peut accueillir 2 000 spectateurs et des concerts variés, allant de l'opéra classique à la musique de chambre en passant par le jazz.

Adresse Esplanade Charles-de-Gaulle, 34000 Montpellier | **Transports en commun** Tram 1/2/4, arrêt Corum | **Horaires d'ouverture** Tous les jours de 8 h 30 à 18 h 30 | **À savoir** L'Opéra Junior est un projet d'envergure qui a rejoint l'Opéra Orchestre national Montpellier Occitanie en 2013. Il propose aux enfants de découvrir l'art lyrique en participant à des créations de spectacles réalisés en collaboration avec des professionnels. Chant, danse, théâtre, il y en a pour tous les goûts pour découvrir tous les métiers de l'opéra dès le plus jeune âge.

34_La cour de l'université de droit

Aula Placentina

Les origines de la faculté de droit de Montpellier remontent au XIIe siècle, époque où le célèbre juriste italien Placentin enseignait cette discipline à Montpellier. Aujourd'hui, on retrouve la trace de ce professeur dans le hall du bâtiment 1, où est inscrite la devise « *Aula Placentina* » qui lui rend hommage. L'école de droit est créée officiellement en 1249 par une bulle pontificale sous le nom d'École de droit et des arts (elle accueillait également le cursus des beaux-arts), puis est intégrée à l'université de Montpellier, qui regroupait alors les disciplines du droit, de la médecine, des lettres, des arts et de la théologie.

L'école de droit de Montpellier se trouvait à l'origine non loin du couvent de la Merci, comme nous le montre une rue baptisée « rue de l'École-de-Droit ». Elle était hébergée à la tour Sainte-Eulalie, qui n'a malheureusement pas résisté à l'arrivée des protestants à la tête de la ville en 1562. L'école de droit fut réinstallée peu après à la Chapelle-Neuve, dans le collège Duvergier, où elle resta jusqu'à la Révolution qui décida son abolition comme pour toutes les universités françaises. Par décret du 28 novembre 1878, la faculté de droit de Montpellier est enfin rétablie et déplacée dans les locaux de l'hôpital Saint-Eloi après la construction du nouvel hôpital. Puis, en 1956, elle migre dans les bâtiments de l'ancien couvent de la Visitation où elle est toujours actuellement – à sa place s'est installé le rectorat.

Aujourd'hui, la faculté accueille 6 000 étudiants pour 90 formations. Sur la façade du bâtiment se trouve gravée la devise républicaine « Liberté, Égalité, Fraternité », ainsi que la mention des disciplines de droit, de sciences et de lettres qui donnent des indications sur la nature du bâtiment, lié à l'enseignement public. Si la faculté a connu de nombreuses péripéties depuis la période de Placentin, elle reste une des disciplines phares de l'université de Montpellier.

Adresse 31 rue de l'Université, 34000 Montpellier | **Transports en commun** Tram 1/4, arrêt Louis-Blanc | **À savoir** L'écrivain et poète Paul Valéry a obtenu sa licence de droit à la faculté de Montpellier avant de s'installer à Paris pour commencer sa carrière. En son honneur, la troisième université de la ville, spécialisée dans les lettres, les langues et les arts, porte son nom.

35 Le couvent des Ursulines

Faire place à la danse

De l'extérieur, ce lieu a des formes harmonieuses et imposantes. Et pourtant, son passé fait frissonner : couvent, prison, centre d'interrogatoire de l'armée de l'air… Autant de fonctions différentes qui font de ce lieu un endroit unique. Construit au XVIIe siècle par l'architecte Jean Bonnassier pour la communauté religieuse des Ursulines, l'édifice s'organise autour d'un cloître central. Déclaré bien national à la Révolution, le couvent est transformé en maison d'arrêt et de correction au début du XIXe siècle. Jacques Roussel conçoit un nouveau corps de bâtiment en hémicycle, doté d'une chapelle et d'une infirmerie, où se trouve alors le quartier des hommes. Les femmes sont détenues dans les anciens bâtiments du couvent. Sur la façade, l'architecte Charles Abric ajoute un perron desservi par un escalier à double volée. À partir de 1935, la prison devient une caserne, utilisée par la Gestapo pendant la guerre. L'armée de l'air y installe ensuite des services.

Dans les années 80, sa destinée change grâce aux volontés conjuguées de la municipalité et du chorégraphe Dominique Bagouet ; ils souhaitent récupérer le bâtiment voué à la destruction pour le consacrer à la danse. La ville ne l'acquiert qu'en 1986, après le déménagement de l'armée, et entame des travaux en respectant les grandes lignes définies par le chorégraphe, malheureusement décédé en 1992, avant la fin de la rénovation. En 1997, le Centre chorégraphique national dirigé par Mathilde Monnier s'installe dans les lieux. Les travaux sont poursuivis par la ville, puis la Métropole, pour permettre à Montpellier Danse d'investir à son tour une aile du couvent en 2001. Le monument est alors baptisé Agora, Cité internationale de la danse. L'ensemble est désormais un espace de répétition, de création et de résidence artistiques. Haut lieu de la danse contemporaine, unique en Europe, le festival Montpellier Danse accueille chaque année de nombreux publics. En juin 2022, c'était la 42e édition.

Adresse 18 rue Sainte-Ursule, 34000 Montpellier, www.montpellierdanse.com | Transports en commun Tram 1/4, arrêt Louis-Blanc | Horaires d'ouverture Les différents évènements sont à retrouver sur le site internet | À savoir La Cité des Arts se trouve dans le quartier Boutonnet de Montpellier. Ce lieu culturel a pour vocation d'enseigner plusieurs pratiques artistiques et de sensibiliser aux arts un public varié sur l'ensemble du territoire (13 avenue du Professeur-Grasset, 34090 Montpellier).

36 La croix du Peyrou

Cinq siècles de polémique

Située sur la place Giral, la croix du Peyrou est imposante. Elle est l'une des 14 croix de Montpellier qui marquent symboliquement le chemin parcouru par Jésus lors de sa montée au Calvaire et témoignent de l'œuvre missionnaire accomplie dans la ville pour transmettre le message évangélique. L'histoire de cette croix est pleine de rebondissements puisqu'elle est étroitement liée aux problèmes religieux, puis politiques, qui ont marqué les habitants pendant 5 siècles.

Une croix se trouvait sur la place dès le Moyen Âge. Elle fut abattue en 1562, au cours des guerres de Religion, et remplacée en 1653 grâce à l'investissement des religieux de Notre-Dame-de-la-Merci, qui utilisèrent les matériaux provenant des ruines de leur couvent proche. Mais la pierre juchée sur un piédestal fut anéantie en 1683 par un gros orage. L'année suivante, on éleva une croix en bois, détruite à son tour pendant la Révolution française. En 1857 est installée une nouvelle croix en cuivre sur demande de l'évêque de Montpellier, réalisée par Benjamin Cusson, un ferronnier d'art originaire de Lodève. La croix était entourée d'une grille qui en assurait la protection. Mais le danger venait plus des cieux que de la terre… Dans la nuit du 23 au 24 septembre 1920, vers 5 heures du matin, un cyclone vint abattre la croix du Peyrou qui s'écroula au sol, victime de la rouille accumulée par des années de délaissement, plus que du vent violent.

Après 7 ans de conflit entre la mairie et les descendants des souscripteurs de la paroisse, elle est enfin restaurée à l'identique. En raison de sa dégradation, elle est une nouvelle fois remplacée en 1984, grâce à la générosité publique et à la confrérie des Pénitents Blancs. Finalement, la croix fut replacée sur son socle le jeudi 17 octobre 1985 et elle fut bénie le samedi 9 novembre 1985, à 11 heures, par Monseigneur Louis Boffet, évêque de Montpellier. Il s'agit donc de la sixième croix qui occupe le même espace depuis 1653.

Adresse Place Giral, 34070 Montpellier | **Transports en commun** Tram 4, arrêt Albert-1er – Cathédrale | **À savoir** La vue depuis le château d'eau dans le jardin du Peyrou vaut le détour : au sud, vous pouvez admirer la mer Méditerranée avec le phare de Palavas et au nord le pic Saint-Loup et la montagne de l'Hortus.

37_Les cultes des Pénitents Bleus et Blancs

Les confréries de Montpellier

Saviez-vous qu'il existait des confréries secrètes à Montpellier ? Elles avaient même leurs chapelles pour y consacrer leurs cultes. Dans la rue Jacques-Cœur, vous pouvez trouver la chapelle des Pénitents Blancs (originellement la chapelle Sainte-Foy), construite au XIIe siècle. Ils s'y installèrent en 1518. Les membres étaient composés d'hommes et de femmes, catholiques et laïcs, qui se donnaient des missions de prière et de charité. Mais en 1568, la chapelle fut détruite par les protestants et le lieu utilisé comme cimetière. En 1623, l'évêque de Montpellier, Monseigneur de Fenouillet, rendit les ruines aux Pénitents et reconstruisit la chapelle. En 1632, le décor est peint et le plafond orné de compartiments et garni de tableaux. L'architecte Augustin-Charles d'Aviler conçoit l'ornement des murs également doté de tableaux, de sculptures et des armoiries des commanditaires. En 1793, le sanctuaire est vendu comme bien national et sert d'entrepôt, puis d'école. Les Pénitents se réunissent illégalement et rachètent la chapelle en 1804. Un projet de restauration est lancé.

La construction de la chapelle des Pénitents Bleus est postérieure. Elle est érigée d'abord en 1739 près de la tour de la Babote, mais son clocher étant trop haut, il gênait les scientifiques qui occupaient la tour pour observer les étoiles ; s'en suivit un procès qui provoque le déménagement de la confrérie. Les Pénitents Bleus achètent un terrain en 1844 dans la rue des Étuves. Construite par l'architecte Omer Lazard, la façade de la chapelle est caractéristique du style néogothique, avec ses trois porches sculptés. À l'intérieur sont conservés des objets mobiliers (crucifixion en marbre de Carrare, deux coquilles servant de bénitiers, un tableau d'Antoine Ranc). Une crypte subsiste sous la chapelle, abritant la dépouille de la comtesse Albine de Montholon, fille du receveur général des finances du Languedoc.

Adresse 14 rue Jacques-Cœur et 11 rue des Étuves, 34000 Montpellier | **Transports en commun** Tram 1/2, arrêt Comédie | **Horaires d'ouverture** Pénitents Blancs : de mai à octobre et de décembre à janvier, tous les jours de 16 h 30 à 19 h. De mars à avril, le samedi de 15 h à 19 h. Pénitents Bleus : du mardi au samedi de 8 h 30 à 12 h et de 14 h à 17 h 30 (jusqu'à 12 h le samedi) | **À savoir** La confrérie des Pénitents Bleus existe en réalité depuis le XIe siècle sous le nom de confrérie Saint-Claude. Au Moyen Âge, ses membres étaient au service de l'hôpital et du cimetière Saint-Barthélemy. Le choix de la couleur bleue s'explique par l'influence de la confrérie de Toulouse et pour des raisons symboliques : le bleu, couleur du ciel, révèle la consolation engendrée par la pénitence (ou par le don de soi à l'autre).

38 Les curiosités du Jardin des plantes

L'arbre à vœux et le tombeau de Narcissa

Le Jardin des plantes de Montpellier est le plus ancien jardin botanique de France et l'un des plus anciens parcs publics d'Europe. Fondé en 1593, il fait partie intégrante du patrimoine de la faculté de médecine. Dans ce jardin se cachent de nombreuses curiosités, notamment un arbre à vœux. C'est un arbre remarquable par son âge et original du fait des formes aléatoires de ses branches et ses multiples cavités. Fréquent en région méditerranéenne, il appartient à la famille des oléacées (à feuilles larges). Il aurait été planté sous Louis XIII, vers 1625, et exaucerait les vœux. Aujourd'hui, il est situé dans un coin discret, et attire les rêveurs, habitants ou personnes de passage qui peuvent déposer un mot écrit sur un bout de papier à l'intérieur de ses fentes.

Le jardin abrite une autre légende, celle du tombeau de Narcissa. L'histoire raconte que, une nuit de 1736, le célèbre poète anglais Edward Young aurait caché secrètement le cadavre de sa fille, victime de la tuberculose, dans le Jardin des plantes. En effet, étant anglicane, elle ne pouvait être enterrée dans un cimetière catholique de Montpellier. Juste avant la Révolution, des ossements furent déterrés ; il a été établi que c'étaient ceux d'une jeune fille de 15 ou 16 ans – sûrement la fille du poète en question. Il est inscrit sur une des plaques accrochées au mur : « J'ai furtivement dérobé un tombeau pour ma fille. Mes mains l'y ont placée à la hâte au milieu de la nuit enveloppée de ténèbres ». André Gide l'évoque aussi dans *Les Nourritures terrestres* : « Je me souviens qu'avec Ambroise un soir, comme aux jardins d'Académus, nous nous assîmes sur une tombe ancienne, qui est tout entourée de cyprès ; et nous causions lentement en mâchant des pétales de roses. » Edward Young avait narré dans un de ses ouvrages, *La Plainte ou Pensées nocturnes*, la fin de sa fille décédée de maladie dans l'année de son mariage.

Adresse Boulevard Henri-IV, 34000 Montpellier | **Transports en commun** Tram 4, arrêt Albert-1er – Cathédrale | **Horaires d'ouverture** En été, du mardi au dimanche de 12 h à 20 h en hiver, du mardi au dimanche de 12 h à 18 h | **À savoir** Dirigez-vous dans la rue Rousseau et arrêtez-vous devant le restaurant Le Petit Jardin. Demandez à boire un verre au bistrot pour pouvoir profiter de la cour intérieure et admirer la vue de la cathédrale Saint-Pierre (20 rue Jean-Jacques-Rousseau, 34000 Montpellier).

39_Des Rêves et du Pain

Le plus ancien four de Montpellier

La boutique Des Rêves et du Pain est née de l'initiative de Christophe Prodel et de son ami Clément Avais, qui ont débuté ensemble en apprentissage chez les Compagnons à Bordeaux. En cherchant un lieu adapté à leurs envies, ils tombent sur une boulangerie abandonnée en plein centre de Montpellier.

Cet endroit n'est pas banal : il accueille le plus ancien four du quartier Sainte-Anne, deux fois centenaire. Saisis par son passé, les amis décident de prendre possession de cette boulangerie en 2014 et de faire revivre la magie du lieu. Leur souhait est de proposer des pâtisseries artisanales et originales, fruits de leurs voyages et de leurs nombreuses expériences professionnelles, associés à la vie antérieure du lieu. Animés par cette passion, c'est avec plaisir qu'ils ravivent la flamme de leur vieux four pour donner naissance à des créations toujours plus appétissantes.

Chez Des Rêves et du Pain, les deux copains partagent plus que l'amour du pain. Ils transmettent un savoir-faire ancestral où chaque geste est répété pour offrir des produits sains et savoureux en diffusant leur passion du métier avec générosité. Jour après jour, les liens de confiance tissés avec leurs clients les poussent à voir toujours plus loin et faire toujours mieux. Afin d'entretenir ces échanges avec le public, les boulangers proposent des ateliers variés à leurs visiteurs pour apprendre à faire un pain, des viennoiseries ou des gâteaux. Un moment de convivialité – et quel bonheur de repartir avec ses créations !

En 2015, l'enseigne est élue Meilleure boulangerie de France à l'issue d'un programme télévisé. Depuis, cette boulangerie, devenue l'une des plus célèbres de Montpellier, a ouvert un second point de vente dans le quartier Figuerolles, au n° 10 du boulevard Renouvier. L'occasion pour les habitants et les adeptes de leur boulangerie de continuer à goûter aux spécialités des deux compères.

Adresse 10 rue Eugène-Lisbonne, 34000 Montpellier, desrevesetdupain.com | Transports en commun Tram 3/4, arrêt Peyrou – Arc-de-Triomphe | Horaires d'ouverture Du mardi au vendredi de 8 h à 19 h 30 et le samedi de 8 h à 19 h | À savoir À 15 minutes à pied se trouve la boulangerie bio O'Pain Délicieux ouverte depuis 2016 dans le quartier des Beaux-Arts. L'équipe souhaite proposer une expérience gourmande et saine dans le respect de l'Homme et de la nature en privilégiant les partenariats durables avec des fournisseurs de confiance. Ainsi, elle utilise des produits bios et des levains naturels (18 rue Bernard-Délicieux, 34000 Montpellier).

40_Les dessins du musée Atger

Quand la médecine rencontre l'art

Comment parler de sciences humaines sans évoquer le musée Atger, spécialisé dans les dessins qui ont servi aux étudiants en médecine à connaître le corps humain depuis le Moyen Âge. Situé dans les anciens salons d'apparat des évêques, ce lieu méconnu du grand public garde précieusement 1 000 dessins et près de 5 000 estampes du XVIe au XVIIIe siècle. La collection de dessins réunie par Jean-François Xavier Atger est l'une des plus importantes en France. Les écoles française, italienne et nordique sont représentées à travers des peintres célèbres tels Fragonard, Champaigne, Tiepolo, le Titien, Carrache, Van Dyck et Rubens, mais le musée accueille aussi les œuvres des artistes méridionaux : le Nîmois Charles-Joseph Natoire ou le Montpelliérain Sébastien Bourdon, auquel Jean-François Xavier Atger consacra un ouvrage. Ce passionné considérait le dessin comme l'œuvre originale – le tableau final n'étant qu'une « copie colorée ». Il existe un lien intrinsèque entre la médecine et l'art : l'exigence du dessin aiguise le sens de l'observation utile en médecine. Atger appréciait aussi les théories physiognomoniques mettant en relation les traits du visage et le caractère de chaque individu.

Dès 1813, ce simple fonctionnaire fait des dons de sa collection à la bibliothèque de l'école de médecine. À sa mort en 1833, le musée prend le nom de son bienfaiteur qui y avait apporté le tiers de sa collection totale. Le reste a été dispersé par ses héritiers.

Avec plus de 700 œuvres, l'école française est la plus importante représentée, suivie de l'école italienne qui compte 136 dessins. Lorsqu'on se plonge dans l'une de ces estampes, c'est une réelle découverte qui nous permet de comprendre les évolutions de la médecine, les styles des professeurs, les techniques artistiques utilisées, etc. Atger a apporté à la science une dimension graphique et a exprimé son désir de voir sa collection rester « à jamais intacte dans la faculté de médecine de Montpellier, pour instruire les élèves ou pour leur agrément ».

Adresse 2 rue de l'École-de-Médecine, 34000 Montpellier | **Transports en commun** Tram 3/4, arrêt Peyrou – Arc-de-Triomphe | **Horaires d'ouverture** Fermé pour travaux pour une durée de 2 ans | **À savoir** Une autre faculté de l'université possède son musée : la faculté de pharmacie. Le musée de la Pharmacie possède 9 500 échantillons de plantes provenant de nombreux endroits du monde, que les responsables Yves Pélissier et Chantal Marion tentent de préserver coûte que coûte. Cette collection fait partie du patrimoine, classé monument historique depuis 2009 (15 avenue Charles-Flahault, 34000 Montpellier).

41 Le domaine du château d'Ô

Une folie pas comme les autres

Édifié entre 1743 et 1750 par l'architecte montpelliérain Charles Gabriel Le Blanc, le château d'Ô est l'une des folies situées jadis aux portes de la ville et désormais complètement intégrées au tissu urbain. Grande bâtisse rectangulaire, la demeure est entourée de jardins à la française – mais disposés à l'italienne ! – dessinés par Jean Antoine Giral et par l'intendant Saint-Priest.

Autour du bassin polygonal, encadré de parterres et de statues, s'élèvent de beaux pins parasols, des lauriers et des micocouliers, formant un ensemble végétal méditerranéen. Depuis 1906, le domaine est propriété du conseil général de l'Hérault. Des expositions sont organisées dans le lieu, alors ouvert à la visite. Les jardins et le parc sont libres d'accès. Ils servent de cadre à des manifestations culturelles, notamment au Printemps des Comédiens, à Saperlipopette – un festival destiné aux jeunes enfants –, aux Folies d'Ô – consacrées à l'opérette et à la comédie musicale –, ou à Arabesque, un festival dédié à la culture méditerranéenne. Le château d'Ô accueille toutes les formes d'expression artistique, des classiques comme le théâtre ou la musique, mais aussi les arts du cirque. Des temps forts jalonnent l'année au fil des thèmes des saisons, alors que la programmation est conçue comme une fenêtre sur le monde actuel et s'adapte à toutes les envies ! Il y a en a donc pour tous les goûts, n'hésitez pas à vous tenir au courant !

Le domaine est un lieu de référence pour l'éclairage scénique en LED. Le théâtre Jean-Claude Carrière, équipé avec cette technologie, est devenu un lieu d'excellence innovant, impliqué dans la fabrication de nouveaux matériels. En effet, c'est un précurseur européen dans l'innovation des projecteurs qui transmet ses retours d'expérience aux concepteurs internationaux et participe de leur évolution. Un laboratoire de nouvelles technologies est en cours d'installation et proposera des tables rondes, des colloques et des symposiums…

Adresse Avenue des Moulins, 34090 Montpellier | Transports en commun Tram 1, arrêt Château-d'Ô | Horaires d'ouverture Tous les jours sauf le lundi de 9 h à 20 h (18 h en hiver) | À savoir Tous les ans en juin, le domaine accueille la Fête de la Qualité, qui met à l'honneur les producteurs d'Occitanie. Fruits, légumes, fromages, viandes, vins, pâtisseries, miel… les stands sont nombreux et mettent en lumière la diversité gustative de la région.

42 Les escaliers des hôtels particuliers

L'escalier sous toutes ses formes

Ils se cachent souvent derrière les magnifiques façades des demeures des XVIIe et XVIIIe siècles. Les escaliers, signes de prospérité de la noblesse et de la haute bourgeoisie, occupent l'espace central de ces demeures classiques, desservant les salles d'apparat et les appartements situés dans les étages. Prestigieux éléments architecturaux, ils prennent différentes formes afin de s'adapter aux murs et à l'espace disponible : escaliers à vis ou à retours selon la taille des maisons. On retrouve des escaliers de ce type datant des années 1630 dans certains hôtels particuliers comme l'hôtel de Mirman, de Grasset, d'Antoine de Ranchin, de Pierre de Crouzet, d'Audessan, de Sartre, de Farges et de Castries.

Peu à peu les structures des escaliers s'allègent : les arcs rampants s'ouvrent davantage et laissent entrer la lumière. Anciennement en pierre, les balustres sont réalisés en fer forgé comme à l'hôtel des Trésoriers de la Bourse ou celui de Fizes. Dans l'hôtel Chirac, la rampe en fer forgé d'époque Louis XV est classée. Dans la seconde moitié du XVIIe siècle, les escaliers s'élèvent, comme celui de l'hôtel Deydé, construit par Levesville. L'hôtel de Manse est conçu avec une cage ouverte en forme de portique à colonnes libres. C'est le premier ouvrage de ce type à Montpellier. L'escalier des Trésoriers de France est l'un des plus beaux du midi : il possède une cage d'escalier travaillée en forme de portique. Sur la place de la Canourgue, l'escalier de l'hôtel Cambacérès-Murles est porté par des arcs suspendus de 6 mètres.

Dans les demeures de notables de Montpellier, l'escalier ne donne pas sur la rue, mais s'éclaire en jour direct sur la cour. Le modèle le plus courant est l'escalier ouvert. Montpellier possède un grand nombre de modèles d'escaliers, qui sont des véritables cabinets de curiosité et d'étonnement. On en trouve des similaires à Nîmes et à Pézenas.

Adresse 7 place du Marché-aux-Fleurs, 8 rue du Cannau, 4 rue Embouque-d'Or, 1 rue Ranchin, 6 rue du Puits-du-Temple, place Pétrarque, rue de l'Aiguillerie, 7 rue Jacques-Cœur, 4 rue des Trésoriers-de-la-Bourse, 3 rue Sainte-Croix, 1 rue Cannau, 1744 avenue Albert-Einstein, 34000 Montpellier | Horaires d'ouverture Visite à réserver avec l'office de tourisme de Montpellier au 04 67 60 60 60 | À savoir Monter et descendre tous ces escaliers peut donner soif ! Faites une petite pause au bar Les Mômes, à la végétation tropicale et aux cocktails originaux (8 place du Marché-aux-Fleurs, 34000 Montpellier).

43 La factrice de clavecins

L'héritage d'un métier oublié

Savez-vous que le métier de facteur de clavecins existe encore à Montpellier ? En effet, Martine Argelliès et ses deux collaborateurs fabriquent toujours ces instruments dans un atelier au coin d'une petite rue de Montpellier. Ancienne maternité, l'atelier possède une cour où se trouve un buffet d'eau surmonté d'un buste d'Artémis d'Éphèse, une diane chasseresse, déesse de la fécondité.

Les trois artisans façonnent les instruments de façon artisanale dans l'espoir d'attiser l'envie des futurs acquéreurs. En partant de simples planches de bois, ils parviennent à créer des clavecins d'exception, prêts à jouer. Mais entre les deux étapes se trouve tout un assemblage de métiers : le travail patient de l'artisan qui choisit ses matériaux et les assemble avec soin pour obtenir une structure physique efficace de laquelle s'échappe le plaisir musical. Également importante, la décoration pour laquelle ils travaillent en collaboration avec le propriétaire de l'instrument. Ils peuvent produire des instruments simples, recopier des pièces de musée qui ont le plus souvent été conservées pour leur apparence, ou essayer de donner vie aux rêves des propriétaires.

Les clavecins sont des instruments à cordes pincées (comme les guitares) et à clavier. Très utilisés du XVIe au XVIIIe siècle par la noblesse, ils permettaient d'exprimer la délicatesse des émotions à une époque où les sentiments étaient dissimulés. Après la Révolution, ils ont été peu à peu évincés par le piano, instrument bourgeois qui connut son apogée au XIXe siècle, grâce au développement de la production industrielle et à un profond changement de mentalité dans l'usage musical. En effet, souhaitant laisser derrière eux la délicatesse des instruments utilisés par les catégories sociales plus élevées, les fabricants étaient à la recherche de sons plus divers et de formes d'expression plus larges, donnant ainsi naissance au piano moderne.

Adresse 11bis rue des Soldats, 34000 Montpellier | **Transports en commun** Tram 3, arrêt Saint-Guilhem – Courreau | **Horaires d'ouverture** Ouvert sur demande au 04 67 06 05 69 | **À savoir** Au premier étage du 13 rue des Soldats se trouve la boutique du luthier Victor Garcia, un passionné de musique et doué de ses mains, formé à l'école de Crémone en Italie. Depuis 2015, il fabrique et répare des instruments à cordes frottés (du quatuor, essentiellement des violons et des violons alto).

44_Fiers de Lettres

J'aime mon libraire indépendant

Depuis son ouverture en juin 2018, Fiers de Lettres est l'une des librairies indépendantes engagées de Montpellier. Elle propose tous les genres de livres (romans, essais, jeunesse, bandes dessinées, polars, science-fiction, poésie, guides pratiques, etc.) en privilégiant des thématiques fortes telles que l'écologie, le féminisme, le combat contre les discriminations ou l'engagement citoyen. Exemple : les livres de cuisine proposés privilégient les recettes véganes ou végétariennes ; le rayon jardinage promeut la permaculture ; les recueils de poésie font la part belle aux poétesses de toutes nationalités ; les albums jeunesse offrent un éclairage sur la richesse et la préservation de la biodiversité, le vivre ensemble, l'égalité fille-garçon, les nouvelles formes de parentalité ; les romans sont issus d'une grande diversité éditoriale, permettant de découvrir de nouveaux talents et des maisons d'édition indépendantes.

Sur deux niveaux, plus de 7 000 références soigneusement sélectionnées garnissent les bibliothèques en bois d'épicéa, conçues par un artisan local. Des « petits mots » écrits à la main signalent les derniers coups de cœur des libraires – des choix à retrouver sur les réseaux sociaux. À l'étage, plusieurs thématiques sont mises en avant : les textes fondamentaux du matrimoine, les littératures et cultures autochtones, les essais sur les mondes sauvages, les littératures queer... Penchez-vous sur les derniers coups de cœur de l'équipe, dont les thèmes leur sont chers : *Réinventer l'amour* de Mona Chollet, *Jouissance Club* de Jüne Plã, *S'adapter* de Clara Dupond-Monod, *Petit traité d'écologie sauvage* d'Alessandro Pignocchi...

Outre la participation à des festivals comme la Comédie du Livre, les libraires organisent régulièrement des rencontres avec des autrices et auteurs. Ont notamment été accueillis chez Fiers de Lettres Wendy Delorme, Elsa Dorlin, Julien Vidal, Frédéric Paulin, Julien Dufresne-Lamy ou encore Émilienne Malfatto.

Adresse 1 rue du Bras-de-Fer, 34000 Montpellier | **Transports en commun** Tram 1/2, arrêt Comédie | **Horaires d'ouverture** Le lundi de 14 h à 19 h, du mardi au samedi de 10 h à 19 h | **À savoir** D'autres librairies valent le détour à Montpellier : Le Grain des Mots au 13 boulevard du Jeu-de-Paume ou encore La Cavale au 24 rue de la Cavalerie. Ce sont également des librairies indépendantes de Montpellier depuis le début du XXIe siècle. Elles proposent régulièrement des lectures, des signatures d'auteur et d'autres évènements en lien avec la littérature et la culture.

45 Les folies montpelliéraines

Petits pied-à-terre campagnards

De la fin du XVIIe au XVIIIe siècle, la haute société montpelliéraine se fait construire, à la campagne, des châteaux inspirés des palais vénitiens. On les appelle des « folies » ou des « maisons dans les feuillages ». Elles témoignent de la richesse de certaines grandes familles (et par extension de celle de la ville), qui ont fait fortune grâce au commerce du vin. Ces demeures privées possèdent de superbes jardins et sont les joyaux du patrimoine montpelliérain.

Le château de Flaugergues était autrefois situé en bordure de la ville. Aujourd'hui, il a été absorbé par le quartier Millénaire, consacré aux affaires. Construit à la fin du XVIIe siècle à l'initiative d'Etienne de Flaugergues, conseiller à la Cour des comptes de Montpellier, le château est l'une des premières folies de la ville. Sa découverte commence par le parc à l'anglaise, véritable jardin botanique créé en 1850 qui s'étend sur 3 hectares. Entre les éléments de nature, les statues se dressant autour du château, les allées d'oliviers à l'ouest et les vignes à l'est, le domaine, entretenu par les enfants des anciens propriétaires, est vaste.

Le domaine de Méric, lui, est propriété de la ville. Ancienne résidence d'été de la famille du peintre Frédéric Bazille, précurseur de l'impressionnisme au XIXe siècle, la demeure a servi de cadre à plusieurs œuvres de l'artiste, dont *La Réunion de famille*, premier portrait de groupe en plein air de la peinture française, *La Toilette* ou encore *Vue du village de Castelnau*… Le parc au bord du Lez offre un havre de paix en pleine ville, prisé des habitants.

Le domaine de Bonnier de la Mosson se cache au bout d'une allée d'arbres. Acquis par la ville en 1982, il est ouvert au public depuis 1984. Joseph Bonnier de la Mosson, homme de finances et de grande fortune du royaume, a construit sa folie au début du XVIIIe siècle. Le site fut occupé par une fabrique de soie, puis un atelier de colorant et une savonnerie. Aujourd'hui le parc est ouvert au public et s'étend sur 16 hectares, mais la demeure est en rénovation.

Adresse Château de Flaugergues : 1744 avenue Albert-Einstein, www.flaugergues.com ; Domaine de Méric : 552-634 rue de Ferran ; Domaine de Bonnier de la Mosson : route de Lodève, 34000 Montpellier | **Horaires d'ouverture** Les horaires de visite des folies et des parcs peuvent varier selon la saison | **À savoir** Le château de la Piscine est la plus secrète des folies entourant Montpellier. C'est aussi la plus récente, construite vers 1770 pour Joseph Philibert de Belleval, président de la Cour des comptes. Celui-ci en fait son pavillon de chasse. Des décors inspirés des *Fables* de Jean de la Fontaine sont visibles dans le décor en gypserie à l'intérieur (129 avenue de Lodève, 34080 Montpellier).

46_La fontaine des Licornes

Le symbole de la famille de Castries

Sur la place de la Canourgue, vous ne pouvez pas manquer cette statue originale dotée de deux licornes fougueuses. Ce n'était pourtant pas sa place initiale : la fontaine des Licornes fut inaugurée le 21 mai 1776 sur la place des États-de-Languedoc (actuelle place Jean-Jaurès). Mais après le réaménagement de la place de la Canourgue et les multiples changements de fonction de l'hôtel Richer de Belleval, elle y fut définitivement installée en 1863.

D'ailleurs, que symbolise cette fontaine ? Elle rend hommage au marquis de Castries, vainqueur de la bataille de Kloster Kampen contre les Anglais et les Prussiens alliés. Cette bataille eut lieu en 1760, au beau milieu de la guerre de Sept Ans, et opposa le marquis aux troupes du prince de Brunswick. Sur le socle, un bas-relief rend hommage au vainqueur. Le monument érigé en son honneur fut dessiné par l'architecte de la ville Jacques Donnat en 1773. La sculpture fut confiée à Étienne Dantoine. Elle représente des figures à la fois chimériques et historiques. À son sommet, une licorne caracole, le sabot appuyé sur une autre qui, elle, fixe le passant d'un regard mystérieux. Entre les deux, un génie porte-armoiries semble courir, une couronne de laurier à la main. Le choix des licornes s'explique par la légende racontant que leur corne purifiait les eaux. Au XVIIIe siècle, la municipalité avait peut-être besoin de rassurer les habitants du fait des épidémies à répétition.

Depuis 1963, la fontaine des Licornes a été inscrite au titre des monuments historiques. De 2019 à 2020, la place a été rénovée en étroite collaboration avec l'architecte des Bâtiments de France en même temps que l'hôtel Richer de Belleval. Ce dernier a ouvert ses portes depuis peu et accueille un grand hôtel et un restaurant gastronomique prestigieux, le Jardin des Sens, géré par les frères cuisiniers Jacques et Laurent Pourcel, qui ont décroché une étoile au Michelin (voir chap. 104).

Adresse Place de la Canourgue, 34000 Montpellier | Transports en commun Tram 3/4, arrêt Peyrou – Arc-de-Triomphe | À savoir Près de la place de la Canourgue se trouvent trois cafés à l'ambiance chaleureuse : le Latitude Café, le Napoléon Dynamite et de l'autre côté le Comptoir de l'Arc. Endroits à la mode, ils proposent des produits *healthy* et sont parfaits pour passer une bonne soirée entre amis.

47_Les fresques murales

Toute l'histoire du street art

Montpellier est l'une des villes berceaux du street art et a vu grandir des artistes devenus célèbres, tels que Mr BMX et Invader. Il est rare de voir au même endroit les différentes tendances de ce courant artistique urbain réunies. C'est pourtant le cas au quai de Verdanson, où vétérans et nouveaux venus, amateurs et professionnels se côtoient en harmonie.

Le quai du Verdanson est un lieu d'expression pour les graffeurs dans les années 80 et une mine d'or en termes d'œuvres et d'histoire de l'art de rue. En effet, on y retrouve le travail de plusieurs générations d'artistes de rue qui ont commencé jeunes et ont gravi les marches petit à petit. Leurs messages sont révélateurs des questionnements de société des différentes époques. Un des artistes confesse : « Nous essayons de toujours avoir un temps d'avance, en peignant les sujets sociétaux de demain ». Bien qu'un siècle sépare les trompe-l'œil des graffitis, l'art est le même, l'objectif aussi : interpeller le passant.

Sur place, on découvre les différents types de street art : les fresques murales, les collages (ou stickers), les graffitis, les tags, les mosaïques, les pochoirs, le *tape art* (technique avec des rubans adhésifs pour créer des œuvres) et, nouvellement, les projections vidéo de performances artistes ou de création. Faisons un point particulier sur les fresques murales. On considère qu'une œuvre est une fresque à partir du moment où elle recouvre entièrement un mur et qu'elle a été réalisée par un seul artiste. La particularité de cette technique réside dans le fait qu'elle intègre dans sa démarche artistique l'architecture du bâtiment sur lequel elle se trouve, ainsi que les éléments de son environnement direct. À Montpellier, les projets éphémères fleurissent un peu partout et des commandes sont faites aux artistes locaux de la part de la ville ou de particuliers. Dans le quartier Rondelet, on peut apercevoir les réalisations de Mist et Zest qui ont opté pour des couleurs afin d'égayer le secteur, et, dans le quartier Méditerranée, celles notamment d'Al Sticking, d'Arkane et de Swed avec des portraits emblématiques.

Adresse Quai du Verdanson, 34000 Montpellier | **Transports en commun** Tram 1/2/4, arrêt Corum | **À savoir** Aujourd'hui, il est possible d'être mis en relation avec un ou une artiste pour commander une œuvre, et plus exactement une fresque murale, pour l'avoir chez soi. La plateforme MURALL propose cet échange tel un médiateur contemporain (www.graffiti-fresque-murale.com).

48 La Galerie de l'Ancien Courrier

La plus ancienne galerie de Montpellier

Créée en 1990, la Galerie de l'Ancien Courrier est la plus ancienne galerie d'art de la ville. Elle expose les œuvres d'artistes peintres de la région montpelliéraine à tendance figurative et s'attache aussi à faire découvrir des talents d'ailleurs tels que la Japonaise Keiko Ogawa ou la Danoise Kirsten Bøgh. La galerie soutient également la peinture espagnole en exposant notamment Magí Puig depuis ses débuts, Rusiñol Masramon et Carmen Selma.

Claire Bornerand, formée à la préservation du patrimoine culturel, dirige la galerie avec passion depuis 10 ans et dynamisme ce petit lieu niché dans l'hôtel particulier de Montcalm. Fidèle aux artistes emblématiques du lieu tels que René Ferris, Bernard Calvet et Jean Pierson, la galeriste suit l'évolution des peintres exposés et s'attache à conserver l'âme de la galerie, avec beaucoup de sensibilité et de professionnalisme. Elle expose aussi l'œuvre de Colette Richarme. La galerie suit l'évolution d'Elisa Cossonnet depuis son jeune âge, son œuvre étant passée de la figure humaine à des paysages abstraits, vibrants de couleurs. S'agissant de figures humaines puissantes, celles de Frédéric Blaimont ou de Carmen Selma laissent un souvenir impérissable, correspondant à leurs personnalités. Christophe Marmey, également architecte et musicien montpelliérain, est un digne représentant d'une peinture hyperréaliste, d'espace et d'architecture. Pour ce qui est de l'évasion méditerranéenne, les huiles sur toile de Jean Pierson sont de vraies fenêtres sur la mer, en proposant de s'installer dans les espaces conviviaux imaginés par l'artiste.

Cette institution reconnue expose chaque année un nouveau talent, s'écartant des sentiers battus comme, en 2017, avec la graveuse Evelyne Mary ou, en 2021, avec les originaux du roman graphique de l'artiste-auteur Aurel.

Adresse 3 rue de l'Ancien-Courrier, 34000 Montpellier, www.galerieanciencourrier.com | Transports en commun Tram 4, arrêt Saint-Guilhem – Courreau | Horaires d'ouverture Du mardi au jeudi de 14 h à 18 h 30 et le vendredi et le samedi de 10 h à 12 h 30 et de 14 h à 18 h 30 | À savoir La rue portait autrefois le nom de « rue des Ânes », en référence aux anneaux qui se trouvaient tout le long et qui permettaient d'attacher les ânes. À partir de 1780, on la nomma « rue des Messagers » car, au n° 13, se trouvait un hôtel des postes. C'est la raison pour laquelle on la nomme aujourd'hui « rue de l'Ancien-Courrier ».

49_Gazette Café

Partager la culture dans un café

Ouvert en avril 2015, le Gazette Café est un lieu inclassable. L'objectif de son concepteur, Édouard Serre, est de créer des liens entre café et culture, et de perpétuer une tradition vieille de 3 siècles : celle des cafés littéraires parisiens du XVIIIe siècle.

Ainsi, il a imaginé un endroit où l'on vient pour prendre un verre, déjeuner ou dîner entre amis, participer à des conférences, des dégustations, des journées à thème pour les entrepreneurs, des cours de danse, des expositions, ou tout simplement pour savourer un bon bouquin dans un fauteuil vintage confortable, proche des baies vitrées. C'est un véritable lieu de rencontre et de partage à la croisée des genres et des arts. Le Gazette Café met également les jeunes talents régionaux à l'honneur en organisant des concerts et des soirées dansantes thématiques, pour continuer à faire bouger la scène culturelle montpelliéraine. Et pour ne rien gâcher, c'est un lieu de restauration engagé, où l'on propose un menu locavore et un bar bio – tapas, salades fraîches, plats cuisinés exotiques, burgers végé. On se régale et on se cultive.

Si vous souhaitez continuer de vous cultiver, mais de façon solidaire, l'Oranger est un café associatif et culturel à but non lucratif qui se situe à Rondelet. L'accessibilité à la culture pour le plus grand nombre et à tout type de publics est une valeur clé de cette structure ouverte en 2019. Du jazz au gnawa, de la cumbia à la chanson française, en passant par le rap et les drag show, la programmation y est éclectique et réserve toujours des surprises.

Vous pourrez également assister à des performances artistiques surprenantes : pendant qu'une artiste réalise une toile en direct, une danseuse capte les regards des spectateurs, le temps de quelques instants. Vous pouvez aussi y retrouver des JAM, des concerts, des blind-tests, des représentations de danse et des festivals : il y en a pour tous les goûts !

Adresse 6 rue Levat, 34000 Montpellier, www.gazettecafe.com | Transports en commun Tram 1/2/3/4, arrêt Gare-Saint-Roch | Horaires d'ouverture Du mardi au samedi de 10 h à 1 h | À savoir Chez Théo est un café culturel idéal pour se détendre, boire un café et rencontrer de nouvelles personnes, mais aussi un bar associatif innovant en plein centre-ville de Montpellier. Créé par une association protestante, il propose un large éventail d'activités (45 rue de l'Aiguillerie, 34000 Montpellier).

50 Le grillon porte-bonheur

Un insecte pour propager le bonheur

Dans la rue Saint-Pierre se trouve un élément patrimonial inattendu… Au premier étage de cette demeure se trouve un balcon en fer forgé et, en son centre, une cage où logeait autrefois un grillon. Cette cage est un petit coffret en métal richement décoré, avec des volutes et des arabesques stylisées, et gravé de petits insectes, car elle avait toute son importance…

Au XVIIe siècle, la légende racontait qu'à la nuit tombée, le grillon apportait, par son chant, le bonheur et la fertilité au maître de maison. On ne connaît pas la véracité de cet adage… Mais on sait que cette superstition a perduré pendant des siècles – et qu'elle est aujourd'hui encore bien ancrée dans le Languedoc. Cette boîte à grillon en est le dernier témoignage à Montpellier ! Dans la croyance populaire des foyers méditerranéens, le grillon était surnommé « le petit cheval du Bon Dieu » et était considéré comme un porte-bonheur répandu. Il éloignait les ondes malfaisantes et, s'il chantait dans la maison, c'était la félicité pendant 40 jours ! Le choix de cet animal est dû à ses métamorphoses successives, d'œuf à larve et de larve à insecte. Il symbolise la vie, la mort et la résurrection. C'est un insecte très courant dans les territoires remplis de trèfle et de luzerne de la zone sud du continent européen. Il est donc naturel qu'il entre dans la symbolique du quotidien et soit chargé de significations diverses. Il est ainsi également associé au hasard.

Concernant les pratiques des cages et la captivité de ces insectes, il était aisé de les faire vivre dans ces réceptacles, car ils s'y adaptaient bien et y chantaient à leur guise. Pas d'inquiétude : les cages étaient uniquement destinées à faire chanter le grillon pendant un certain temps, non pas à le laisser vivre en permanence dans un espace aussi confiné, destin trop cruel ! Le grillon captif était nourri avec des feuilles de salade ou de chou, des morceaux pelés de pomme ou de poire.

Adresse 16 rue Saint-Pierre, 34000 Montpellier | Transports en commun Tram 4, arrêt Albert-1er – Cathédrale | À savoir Faites une pause Mélody Café pour déguster les meilleures crêpes en terrasse et admirer la vue sur la cathédrale Saint-Pierre (18 rue Saint-Pierre, 34000 Montpellier).

51 Les grottes secrètes de l'hôtel Haguenot

L'héritage du doyen de la faculté

Sur le bas-côté du jardin du Peyrou se trouve une rue adjacente nommée rue Clapiès, qui mène à un hôtel particulier. On voit tout de suite qu'il a son caractère du fait du portrait de pirate qui se trouve à l'entrée. Il surveille les visiteurs s'apprêtant à franchir le seuil de sa demeure. Alors, vous êtes prêts à entrer ? Osez !

L'hôtel Haguenot est une folie montpelliéraine discrète qui ne paye pas de mine depuis l'extérieur, et pourtant… Henri Haguenot était un doyen de la faculté de médecine et a fait bâtir cette maison de campagne au milieu du XVIIIe siècle. Il mandate l'architecte montpelliérain par excellence Jean Antoine Giral pour la construction. À l'extérieur de l'hôtel, on trouve des éléments propres au style de l'architecte, déjà utilisés pour la création du château d'eau du Peyrou : des grottes avec des stalactites et des ambiances rocailleuses naturelles. Les petites excavations sont réparties autour d'une coquille dédiée à saint Jacques, clin d'œil au pèlerinage. L'intérieur de l'hôtel Haguenot est saisissant par son mobilier d'époque, ses gypseries et ses décors bien conservés. Dans le vestibule à coupole, quatre atlantes représentent les quartiers de la lune. Les quatre coins de la salle à manger montrent les loisirs pratiqués à cette période chez les notables : comédie, poésie, musique et jardinage. Parmi d'autres symboliques, on trouve aussi le cycle des saisons au niveau des portes et de la cheminée, et le salon de musique possède trois médaillons présentant les stades de l'amour.

Le bâtiment est entouré d'un charmant jardin en terrasse de 2 000 mètres carrés d'inspiration italienne, également l'œuvre de Jean Antoine Giral. L'endroit est agrémenté de fontaines et de nombreuses espèces végétales à admirer aux beaux jours, lors de manifestations ou visites organisées par les propriétaires, très soucieux de protéger cet écrin.

Adresse 3 rue Clapiès, 34000 Montpellier | **Transports en commun** Tram 3/4, arrêt Peyrou – Arc-de-Triomphe | **Horaires d'ouverture** Uniquement sur rendez-vous au 04 67 92 25 62 | **À savoir** Un buste de l'ancien propriétaire est conservé dans la bibliothèque de la faculté de médecine et rappelle son influence. Henri Haguenot a d'ailleurs légué 2 500 volumes à l'hôtel-Dieu Saint-Éloi, à l'intention des médecins et étudiants.

52 Les halles Castellane

Un vaisseau de fer et de verre

En plein centre de l'Écusson, dans l'ancien quartier de la Condamine, les halles sont un symbole des marchés du XIXe siècle, conçu par l'architecte Jean Cassan sur le modèle des halles centrales Baltard à Paris. C'est la première structure métallique de grande échelle à Montpellier. Un siècle plus tard, les halles reçoivent un habillage formé de traverses en tôles et en vitres. Cet édifice a été construit à l'initiative du maréchal Castellane, commandant supérieur de tout le Sud-Est. Les halles perpétuent les traditions commerçantes de ce quartier, où des marchés locaux dédiés à la boucherie, à la poissonnerie ou à l'herberie existaient déjà depuis le Moyen Âge. Il n'y a qu'à voir les noms des rues alentour qui font référence aux arrivages de produits provenant de toute la Méditerranée, mais aussi à la nourriture locale. On peut citer, par exemple, les rues de l'Herberie ou de la Draperie-Rouge.

Au XIXe siècle, précisément en 1892, un épisode a fait les gorges chaudes de la presse. En effet, certaines Montpelliéraines râlaient sur les prix des produits qui leur paraissaient onéreux. Elles suspectaient une fraude. Si bien que ces dames déposèrent plainte à la maréchaussée et, le 12 juin, une vaste opération de police fut menée dans ce temple du commerce. Malheureusement elles n'eurent pas gain de cause et l'histoire se termina ainsi.

Depuis 1999, le bâtiment est classé au titre des monuments historiques et a été réaménagé en 2001 par l'atelier d'architecture de Montpellier d'Emmanuel Nebout. L'ossature en métal d'origine a été conservée et la structure renforcée, ainsi que l'ensemble de l'extérieur qui constitue la partie visible au public. Aujourd'hui, ce sont des halles réputées avec 30 commerçants qui ont leurs étals et proposent toutes sortes de nourritures. Beaucoup de Montpelliérains s'y pressent pour acheter leurs fruits et légumes de la semaine, leur croissant du matin ou encore leurs fromages préférés – ils ont l'embarras du choix !

04 67 52 83 12

Adresse 8 place Castellane, 34000 Montpellier | **Transports en commun** Tram 1/2, arrêt Comédie | **Horaires d'ouverture** Du lundi au samedi de 7 h à 20 h et le dimanche jusqu'à 13 h 30 | **À savoir** L'épicerie fine Le Comptoir Gourmand est une institution incontournable pour acheter des produits sains et des spécialités locales (1 place Castellane, 34000 Montpellier).

53 Les herboristeries

D'Infuse à La Quintessence

Comment ne pourrait-il pas y avoir d'herboristeries dans la ville qui a le plus ancien jardin botanique de France ? Elles ont été nombreuses depuis le Moyen Âge et encore aujourd'hui, on en trouve quelques-unes dont la plus ancienne, La Quintessence, située dans la rue de l'Aiguillerie.

La boutique, qui date des années 70 a été fondée par Suzanne Robert, herboriste diplômée de la faculté de pharmacie de Paris. Passionnée par son métier, elle a su créer un lien particulier avec sa clientèle grâce à son savoir-faire, à sa connaissance des plantes et à son expérience personnelle. Geneviève Gaillard, pharmacienne ayant travaillé au côté de la fondatrice, prend sa suite en 1979 et donne à la boutique son fameux nom : La Quintessence. Elle assure la pérennité du commerce jusqu'en octobre 2007. Aujourd'hui, l'herboristerie a été rachetée et est gérée par Jean Rey et sa fille, Géraldine. Ils continuent de proposer à la vente des plantes médicinales, ainsi que des huiles essentielles ou des produits de beauté bios, pour rester en accord avec l'époque.

Infuse est un lieu beaucoup plus récent, puisqu'il est né en juillet 2020 de la collaboration de deux anciennes pharmaciennes qui souhaitaient créer un concept original, entre herboristerie et tisanerie, tout en proposant des services de bien-être comme des massages ou encore des conférences. Elles offrent un service personnalisé de préparation de plantes biologiques et locales adaptées, afin de pratiquer en toute sécurité cette démarche qui repose sur un savoir-faire ancestral. Un salon de dégustation est mis à la disposition de tous, ainsi que des ateliers créatifs variés. Un espace au-dessus sert pour des thérapeutes et des évènements en lien avec le bien-être et les remèdes. Pour les propriétaires, il est important de prendre soin de soi en harmonie avec la nature qui nous entoure. À travers leur concept innovant, elles modernisent l'image de l'herboristerie en apportant des notions de partage, d'écoute et de transmission pour cultiver une vie saine, simple et positive.

Adresse La Quintessence : 26 rue de l'Aiguillerie, 34000 Montpellier, www.laquintessence.net ; Infuse : 2 rue Montpelliéret, 34000 Montpellier, infusemontpellier.fr | **Transports en commun** Tram 1/2, arrêt Comédie | **Horaires d'ouverture** La Quintessence : du mardi au samedi de 9 h 45 à 12 h 30 et de 13 h 30 à 18 h 45 ; Infuse : du mardi au samedi de 10 h à 19 h | **À savoir** À une rue de la boutique Infuse, Nature et Pastel vous livre les secrets de la mystérieuse graine de pastel, aux vertus curatives et tinctoriales (1 rue Valedeau, 34000 Montpellier).

54 L'hommage à saint Roch

En souvenir du patron des pèlerins

Nous voici dans le quartier créatif et médiéval Saint-Roch. Le point central du quartier est l'église du même nom, qui a remplacé l'église romane Saint-Paul, détruite lors du siège de Montpellier en 1622. En 1854, le maire proposa au conseil municipal de reconstruire une église dédiée au saint patron de la ville, dont les dimensions devaient être gigantesques. Or, pour des raisons financières, cet imposant monument ne fut jamais achevé – sa construction prit du retard et se termina, bon an, mal an, en 1869. Cette église néogothique a des proportions originales, mais sa décoration est dépouillée : les niches sont vides, le tympan et les gargouilles inexistants, le chœur réduit…

À l'intérieur de l'édifice se trouve une sculpture de saint Roch, dont le visage est celui du peintre montpelliérain Frédéric Bazille… En effet, lorsque le sculpteur Auguste Baussan reçut cette commande, il trouva peu d'éléments pour représenter le saint, et demanda à la famille du peintre s'il pouvait s'en servir comme modèle. Celle-ci accepta à condition de ne pas le représenter avec le bubon caractéristique de saint Roch, symbole des personnes atteintes de la peste.

Un autre hommage est présent sur le trompe-l'œil qui fait face à l'église. En 2005, les artistes du groupe 7e Sens ont choisi d'évoquer le passé médiéval de Montpellier. Sous le reflet du vitrail de l'église se trouve le saint patron, connu mondialement pour ses miracles et ses guérisons, accompagné de son chien. De même sont représentées les coquilles de Saint-Jacques, symboles du pèlerinage vers Compostelle, rappelant ainsi que Montpellier est une étape du fameux chemin. L'histoire de la médecine est aussi mise à l'honneur avec le pot de pharmacie et les étudiants assis sur les marches, qui furent nombreux depuis le Moyen Âge. Pour accentuer l'effet de supercherie, les artistes ont intégré de fausses fenêtres en plus des ouvertures existantes pour donner une impression de réalisme et de dynamisme.

Adresse Place Saint-Roch, 34000 Montpellier | **Transports en commun** Tram 3/4, arrêt Observatoire | **À savoir** La Saint-Roch est célébrée le 16 août : à cette occasion, les habitants se rejoignent sur le perron de l'église Saint-Roch pour faire bénir leurs animaux de compagnie, en souvenir du chien qui a accompagné le saint.

55 L'hôtel Métropole

Un concentré d'histoire montpelliéraine

Construit en 1898 par l'architecte Thomas Piétri, l'hôtel Métropole a été bâti sur les modèles des prestigieux palaces de la Côte d'Azur. À l'époque de son ouverture, l'établissement ne possédait pas l'eau courante : les clients trouvaient dans les cabinets de toilette des seaux, que vidaient les valets de chambre, et de charmantes cuvettes en faïence montrant distinctement les initiales de l'hôtel, visibles par les visiteurs. Chaque chambre était chauffée par une cheminée, alimentée avec du bois monté dans de grands paniers d'osier. Plus qu'une attraction, l'ascenseur hydraulique d'époque est une véritable œuvre d'art d'ébénisterie qui orne toujours le hall de l'hôtel et sert d'alcôve au *business center*.

Lieu de villégiature emblématique de l'histoire montpelliéraine, le Métropole a hébergé de nombreuses personnalités historiques marquantes, à l'image de la reine d'Italie Hélène de Monténégro, veuve du roi Victor-Emmanuel III, qui a séjourné 2 ans à l'hôtel entre 1950 et 1952 au cours de son exil. La plus grande salle de séminaire de l'hôtel porte d'ailleurs son nom. L'hôtel peut également compter parmi ses invités les noms d'artistes mythiques : Ella Fitzgerald, Jean Marais, Michel Bouquet, François Périer, Darry Cowl, Louis Velle, Jacques Villeret... Une liste de ces invités se trouve d'ailleurs dans le livre d'or de l'hôtel ; le mime Marceau y a aussi réalisé un dessin qui mérite le coup d'œil.

Il y a quelques années, exploité sous l'enseigne Holiday Inn, l'hôtel fut racheté par Oceania Hôtels pour prendre le nom d'Oceania Le Métropole Montpellier. Le groupe a totalement rénové l'établissement fin 2016. Il accueille aujourd'hui tout type de visiteurs, principalement des employés en voyage d'affaires et des touristes de passage, ainsi que des mariages dans le restaurant et dans la salle de réception. On en vient un peu à regretter la classe des célébrités du XXe siècle.

Adresse 3 rue du Clos-René, 34000 Montpellier, www.oceaniahotels.com | Transports en commun Tram 1/2/3/4, arrêt Gare-Saint-Roch | À savoir « Montpellier – Noël 76 », voici les mots qui apparaissent dans les premières minutes du film de François Truffaut *L'homme qui aimait les femmes,* tourné en grande partie dans la ville. On y retrouve la place de la Comédie, la rue d'Assas et l'hôtel Métropole, où ont été filmées plusieurs scènes.

56_Les impostes sculptées

Jeu de piste architectural

Qui n'a jamais été séduit par la magie des décors sur les façades des beaux hôtels particuliers ? Si vous faites partie de ceux qui ne les ont jamais remarqués, allez admirer les bâtiments situés dans le centre-ville. Lorsque vous vous approchez de ces façades, vous remarquerez les impostes sculptées – éléments architecturaux en pierre qui surplombent les portes ou les fenêtres – qui se trouvent çà et là devant les entrées. Délicatement ciselés dans le bois, jeunes éphèbes ou atlantes barbus semblent monter la garde devant l'hôtel de Griffy, rue de l'Aiguillerie, ou devant l'hôtel de Castan, rue Collot. La porte de l'hôtel de Fizes, quant à elle, est richement décorée de rinceaux représentant des captifs enchainés dos à dos. Ce sujet, inspiré de motifs antiques, se trouvait autrefois au revers de monnaies romaines et honorait une victoire militaire.

Quant aux heurtoirs, marteaux en fer ou en bronze, fixés aux portes d'entrée des demeures nobles, ils servaient à prévenir d'une visite. Cet élément apparaît vers le XVIe siècle et peut prendre toutes les formes et tous les styles. Malheureusement, beaucoup ont été volés. Certains demeurent encore, comme celui représentant un sexe masculin rouge de la même couleur que la porte d'entrée. On y voit aussi une autre image : un lion tête baissée qui pose sur ses pattes la balle qui sert de marteau, au milieu de la rue de l'Aiguillerie. Le propriétaire de l'époque en a fait un jeu espiègle et l'invité y voit ce qu'il veut ! On trouve aussi deux poissons entrelacés qui forment un cercle placé sur la porte de l'hôtel des Sciences. Plus loin, une lyre est suspendue à la porte d'entrée de l'hôtel de Bocaud. Un motif de main tenant une boule orne deux portes situées au bas de la rue de la Loge. Une autre main, baguée cette fois-ci, porte les volants de sa manche bien visibles, ce qui symbolise un certain statut social. Sur une porte différente, le heurtoir ondule comme une vague, et celui de l'hôtel d'Uston devient une belle boucle ouvragée, décorée de motifs végétaux.

Adresse Impostes sculptées : Hôtel de Griffy, 26 rue de l'Aiguillerie ; Hôtel de Castan, 1 rue Collot ; Hôtel de Ganges, place Chabaneau ; Hôtel de Fizes, 6 rue du Puits-du-Temple/ Heurtoirs ; rue de la loge ; rue de l'Aiguillerie ; rue de la Salle-l'Évêque ; rue Fournarié | **Transports en commun** Tram 1/2, arrêt Comédie | **À savoir** Les balcons en fer forgé dans la rue de la Salle-l'Évêque sont des véritables ornements architecturaux qui embellissent les façades des hôtels particuliers. Les premiers apparaissent au XVIIIe siècle grâce à la famille d'architectes Giral. Un peu plus loin, devant la basilique Notre-Dame-des-Tables, la tête d'un bélier trône au-dessus de l'ancienne porte d'une caserne autrefois située cours Gambetta.

57_Le jardin des simples

Redécouvrir un jardin médiéval

Situé entre la faculté de médecine et la rue de l'Université, adossé au mur de l'enceinte médiévale et à un hôtel particulier du XVIIIe siècle, le square de l'Intendance-du-Languedoc se dévoile au grand public de façon intimiste. En effet, il est à la fois dans la ville, mais n'en reste pas moins dissimulé, caché par de grands murs. Autrefois c'était l'ancien terrain de sport de l'école voisine, qui mesurait 730 mètres carrés, laissé ensuite à l'abandon. Il a été aménagé en 2004 par le service des espaces verts de la ville dans l'esprit du Moyen Âge, sur le modèle des jardins de simples entretenus par des curés ou des moines qui plantaient des plantes médicinales pour réaliser des remèdes.

Dans les carrés, on trouve des plantes médicinales et aromatiques comme la ballote, un tranquillisant efficace. Il y a également la menthe poivrée à l'action digestive, le romarin, plante sacrée liée à la Vierge, ou encore des fleurs dont on se servait dans le milieu de la parfumerie, dont le jasmin, très prisé. Un système ingénieux a été mis en place afin d'amener l'eau jusqu'au jardin. La source utilisée a été restaurée et aménagée à la manière des nymphées. Au-dessus se trouve une grande terrasse, appartenant à l'hôtel de l'Intendance-du-Languedoc et accessible par un escalier. Dans cet hôtel logea Paul Valéry lorsqu'il fit ses études à Montpellier.

À la fois contemporain et intimement lié au passé médiéval de la cité et à sa tradition botaniste et médicale, ce square original offre au visiteur un espace de tranquillité en pleine ville. Le nom de la rue d'Aigrefeuille est celui d'un procureur de la Cour des aides du XVIIIe siècle. Un autre square du même genre était anciennement un jardin des simples. Il se trouve dans la rue de la Verrerie-Basse, dans un lieu caché en cœur de ville. Il se nomme « plan Cavaillé-Coll », du nom d'une famille de facteurs d'orgues, et a été aménagé selon les agencements du Moyen Âge, avec des parterres de plantes aromatiques, odorantes et florifères.

Adresse 8 rue d'Aigrefeuille, 34000 Montpellier | **Transports en commun** Tram 3/4, arrêt Peyrou – Arc-de-Triomphe | **Horaires d'ouverture** Du lundi au vendredi de 8 h 30 à 17 h 30 | **À savoir** Si vous êtes friand de restaurants gastronomiques, prenez la direction du Reflet d'Obione, au n° 29 de la rue Jean-Jacques-Rousseau. Leur carte vaut le coup d'œil et de fourchette !

58_Les jeux d'aventure

Des activités pour les grands

Saviez-vous qu'il existe des jeux grandeur nature, souvent en salle, pour les adultes, à Montpellier et dans les environs ? Voilà seulement quelques années que le concept des *escape game* a débarqué en France, mais il fait fureur. En très peu de temps, le nombre de salles a grandi de façon exponentielle. Le concept de l'*escape game* doit son origine aux jeux vidéo type « *point & click* », des jeux où il faut cliquer pour trouver des indices et qui mettent à l'honneur la réflexion. Le concept a un tel succès qu'il est quasiment devenu l'activité incontournable pour les enterrements de vie de jeune fille et autres sorties entre collègues.

Dans le centre-ville de Montpellier, on compte une vingtaine d'enseignes avec différentes propositions. Mission Exit est sans conteste le plus développé : formez plusieurs équipes et laissez-vous porter par la mission qui vous est confiée en décryptant les codes, en dénichant les trésors et en débloquant la route vers la sortie en un temps record. Le plus amusant, ce sont les différents scénarios proposés qui permettent d'incarner Indiana Jones, de survivre dans un donjon tiré tout droit d'un jeu de médiéval fantasy, et même de participer à un jeu érotique, inspiré par *50 Nuances de Grey* !

Ces jeux d'aventure sont très tendance, même en extérieur ! Si vous souhaitez profiter du cadre exceptionnel offert par la vieille-ville, n'hésitez pas à participer à une chasse au trésor organisée par Mister Aventure, des concepteurs de parcours ludiques et d'activités dignes des plus téméraires aventuriers !

Et si vous êtes plus « visite active », il est possible aussi de se mettre au défi en équipe en suivant les City Raids établis par Visit'insolite, afin de se mettre dans la peau d'un personnage historique montpelliérain et de découvrir la ville sous ses aspects historiques, artistiques et gastronomiques sous forme de défis. Alors quelle aventure choisissez-vous ?

Adresse Mission Exit : 4 rue d'Alger ; Mister Aventure : 6 rue des Bougainvilliers ; Visit'insolte : place de la Comédie, 34000 Montpellier | **Horaires d'ouverture** Mission Exit : tous les jours de 10 h à 23 h 30 ; Mister Aventure : tous les jours de 8 h à 19 h (le samedi et dimanche jusqu'à 18 h) ; Visit'insolite : du mardi au samedi de 9 h à 19 h | **À savoir** Enfilez la tenue d'Axel Lidenbrock, héros du *Voyage au centre de la terre* de Jules Verne en vous rendant à la Grotte de Clamouse. Grâce au Spéléopark, vous deviendrez un spéléologue hors du commun en suivant un des parcours proposés selon votre niveau. C'est aussi ouvert aux petits (34150 Saint-Jean-de-Fos).

59 Le kiosque Bosc

Un auditorium pour un compositeur oublié

Mais qu'est-ce que le kiosque Bosc ? Ce grand chapiteau blanc se dresse en plein milieu de l'esplanade, près du Pavillon populaire et de l'espace Dominique Bagouet. Durant certains festivals comme Les Estivales, des groupes de musique s'y produisent, même si la situation sanitaire a beaucoup impacté ce secteur d'activité. Le kiosque Bosc a été construit à la manière d'un temple ouvert vers ses spectateurs. Il fut inauguré en 1927 en présence du maire de l'époque Albert Billod, au son de la musique du 8e régiment d'infanterie, devant plus de 25 000 spectateurs. Le kiosque est une œuvre de Marcel Bernard, bâtie à la demande d'Auguste Bosc, compositeur montpelliérain tombé dans l'oubli. Élève du Conservatoire de Paris, il était célèbre pour ses petits airs, notamment la valse *Rose mousse* et la marche *La Ronde des petits Pierrots* et a dirigé plusieurs orchestres à Paris. En 1904, il fonde un cabaret haut en couleur, le Bal Tabarin : le Tout-Paris vient danser au rythme de ses partitions, auxquelles Bosc ajoute des bruits divers tels que des coups de klaxon et de révolver.

Marcel Bernard, quant à lui, est devenu architecte de l'université en 1933, puis de la ville en 1934. Il s'inscrit dans la lignée des Perret qui ont bâti le magnifique théâtre des Champs-Élysées et surtout reconstruit le centre-ville du Havre entre 1945 et 1964. Son kiosque est en ciment armé, formé de quatre colonnes réunies par un cercle soutenant une dalle de couverture débordante. Parmi les autres réalisations de l'architecte à Montpellier figurent l'institut de chimie, la faculté de lettres, la cité universitaire de Boutonnet et la cité universitaire des Arceaux. Il a aussi édifié une colonne lors de l'aménagement d'une nouvelle canalisation de la source du Lez, qui alimente la ville en eau depuis 1854, située sur l'actuelle place Émile-Martin. Paul Valéry a défini les créations du maître en ces termes : « Utilité, forme, sobriété sont les trois exigences de l'architecture ».

Adresse Esplanade Charles-de-Gaulle, 34000 Montpellier | **Transports en commun** Tram 1/2, arrêt Comédie | **À savoir** Que vous soyez expérimenté ou novice, savez-vous qu'il est possible de jouer aux échecs ou aux dames sur des tables prévues à cet effet sur l'esplanade Charles-de-Gaulle ? Ce projet a été mis en place au début du XXIe siècle et les tables rénovées en 2018 pour faciliter la découverte – ou redécouverte – de ces jeux emblématiques.

60_Le lac du Salagou

Une Atlantide en Occitanie ?

Avant d'être un lac qui attire les touristes, le Salagou était un ruisseau coulant à proximité de la commune de Celles, ensevelie lors de la construction d'un barrage dans les années 60. Son histoire peut être associée à celle du mythe de l'Atlantide, qui fut engloutie il y a 10 000 ans dans l'actuel détroit de Gibraltar. Alors, légende ou réalité ?

Ce lac artificiel a été créé grâce à la construction d'un barrage afin de permettre l'irrigation des vignobles que les autorités, en pleine crise viticole, pensaient reconvertir en vergers, et afin d'éviter les crues, fréquentes dans cette partie de la vallée de l'Hérault. Le choix de l'emplacement se porta sur le ruisseau Salagou aux crues spectaculaires. À l'époque, Celles est un petit village d'une soixantaine d'habitants, pour la plupart des agriculteurs, qui se trouve à une altitude de 144 mètres. De fait, ce village est voué à être immergé à la suite du projet de mise en eau de la vallée. Les expropriations commencent et, avec elles, le mécontentement de certains villageois. La mise en eau débute en 1969 et commence à recouvrir la vallée, les villageois quittent le village…

Depuis, des histoires circulent… Par exemple, on dit que l'on peut parfois entendre le son d'une cloche tintant pour annoncer une noyade. En vérité, le village n'a jamais été englouti, car la mise en eau ne l'a pas touché comme c'était prévu au départ. Pourtant, il a quand même été abandonné. Après plusieurs passages de populations différentes, il retrouve son image d'antan et ses habitants au milieu des années 80. Les enfants des derniers propriétaires ont monté une association pour sauvegarder le village et permettre son repeuplement. Vous l'avez bien compris, il n'y a pas de village englouti sous le lac du Salagou, mais ce n'est pas passé loin ! Cela dit, en plongeant dans certains coins du lac, on peut y trouver deux ponts, des vignes, des poteaux et un ou deux hameaux.

Adresse Barrage du lac du Salagou, 34800 Clermont-l'Hérault | **Accès** En voiture depuis Montpellier, prendre l'A750, puis l'A75 qui suit la Méridienne, puis emprunter la D609 et tourner à l'embranchement à gauche pour suivre la D140 jusqu'au lac du Salagou | **À savoir** Cette zone préservée accueille une grande diversité de faune et de flore locale. De plus, l'été, il est possible de s'y reposer et de pratiquer des sports de voile.

61_La légende des deux pics

Sauvés par la montagne

On raconte que, dans un temps très lointain, la montagne de l'Hortus et le pic Saint-Loup, au nord de Montpellier, ne formaient qu'une même montagne. Tout près de celle-ci, un jeune berger tomba fou amoureux d'une jeune bergère. Un soir de pleine lune, ils se confessèrent leur amour et se jurèrent fidélité. Cependant, un jour, leur amour paisible fut troublé lorsqu'un vieux et riche commerçant qui passait dans la région tomba également sous le charme de la jeune bergère. Il proposa aux parents de la jeune fille de l'or contre sa main. Ces derniers acceptèrent. La jeune fille refusa cette décision, et les amoureux décidèrent de prendre la fuite. Ils partirent loin, se dirigeant droit devant eux jusqu'à se retrouver bloqués par la montagne. Le commerçant et ses chiens étaient déjà sur leurs traces. Pris au piège devant la muraille naturelle, ne sachant que faire, ils implorèrent les dieux de leur venir en aide… Non loin de là, un géant entendit leurs lamentations et vola à leur secours. Ému par leur courage, le géant donna un coup de poing dans la montagne qui se fendit en deux, créant ainsi un passage permettant aux amoureux de se sauver. Ensuite, le géant attrapa le commerçant et l'enferma dans une grotte. Prisonnier, ce dernier commença à sangloter et ses larmes devinrent un ruisseau qui coule encore.

Une autre légende du pic Saint-Loup est connue et recoupe quelque peu la première. Au Moyen Âge vivaient trois hommes amoureux d'une même femme : Loup, Guiral et Clair. Celle-ci ayant déclaré qu'elle épouserait le plus glorieux, tous trois partirent en croisade. Quelques années plus tard, la dame avait trépassé durant leur absence. Fous de chagrin, ils décidèrent de vivre en ermites et montèrent chacun sur l'un des trois monts formant un triangle autour du village. En hommage à leur amour sans fin, on appela les monts par leurs noms : le rocher de Saint-Guiral, le mont Saint-Clair et le pic Saint-Loup.

Adresse Pic de l'Hortus et pic Saint-Loup, 34270 Valflaunès | **Accès** En voiture depuis Montpellier, par la D986 (environ une trentaine de minutes) | **À savoir** Autour de ces montagnes, des vignobles sont connus pour la qualité de leurs vins, souvent considérés comme les meilleurs du Languedoc. D'ailleurs, l'appellation qui les regroupe se nomme « Pic Saint Loup » (www.pic-saint-loup.com).

62 Le magasin Paris-Montpellier

Mode à la parisienne

Un des immeubles du XIXe siècle les mieux conservés à Montpellier se trouve dans la rue de Maguelone, non loin de la gare. Il a été construit en 1897 par les architectes Soreau et Pratt pour accueillir un grand magasin, le Paris-Montpellier, qui proposait du prêt-à-porter (des vêtements, des chaussures, des accessoires), toutes sortes de textile (soieries, confections, blancs) et de l'ameublement. Cette boutique, révolutionnaire pour l'époque, revendiquait la qualité des produits montpelliérains, notamment des tissus. On ne peut s'empêcher d'y voir un lien avec l'histoire du commerce de la ville au Moyen Âge, spécialisée dans la draperie, qui a fait la richesse de nombreux habitants.

Les façades d'antan du Paris-Montpellier ont été conservées : trois travées séparées par des colonnes corinthiennes rythment la façade principale. Sur les côtés, des pilastres doriques encadrent de grandes baies vitrées. L'angle arrondi était surmonté d'une coupole aujourd'hui disparue. À l'intérieur, la surface de vente occupait 2 400 mètres carrés en tout, en comptant le rez-de-chaussée et les trois étages. Les clients bénéficiaient aussi d'un salon de lecture et d'une salle de correspondance. De plus, le bâtiment possédait un cinématographe Lumière en activité jusqu'au milieu des années 30. Un bel escalier central desservait les galeries portées par des colonnes en fonte. Le parti architectural choisi est le même que celui des Nouvelles Galeries de style haussmannien, construites en même temps sur la place de la Comédie.

Sur la Comédie, les Nouvelles Galeries – l'ancêtre des Galeries Lafayette – ont ouvert en 1898. Construites par Léopold Carlier, elles ont été transformées en cinéma Gaumont en 1977. Sous le dôme, le fronton cintré est orné d'une tête de Mercure, dieu du commerce. Ici, la surface de vente s'étendait sur environ 4 800 mètres carrés.

Adresse Rue de Maguelone, 34000 Montpellier | Transports en commun Tram 1/2/3/4, arrêt Gare-Saint-Roch | Horaires d'ouverture Le bâtiment accueille aujourd'hui plusieurs enseignes | À savoir La gare Saint-Roch se trouve à 2 minutes à pied de cet ancien magasin. Construite en 1844, elle est dotée d'une façade de style néoclassique avec des colonnades grecques. Elle porte le nom du saint patron de la ville, protecteur des pèlerins lors de leurs voyages

63 Le marché du Lez

Quand brocante et healthy food s'accordent

Qui aurait cru un jour que Montpellier allait proposer un espace atypique dédié à la mode de seconde main chic et à la nourriture saine, à la manière d'autres grandes villes dans le monde ? Le concept du marché du Lez séduit de plus en plus de consommateurs sensibilisés à l'écologie. Montpellier est signe de dynamisme, de jeunesse, de culture et d'ouverture d'esprit – des valeurs idéales représentatives de ce genre de lieu connecté au monde contemporain, qui s'empare des activités à la mode et où règne une ambiance décontractée qui parle beaucoup aux jeunes adultes et aux trentenaires. On y trouve des commerces en tout genre : des brocanteurs, des stands de producteurs, des restaurants, des foodtrucks et des locaux de startups. S'y déroulent aussi des évènements éphémères, comme des expositions ou des performances artistiques.

Le marché du Lez est installé dans d'anciens locaux industriels et agricoles. On y trouvait auparavant une imprimerie, un mas et des entrepôts implantés sur les rives du Lez. Aujourd'hui, des initiatives créatives sur le thème du développement durable y prospèrent, une des valeurs primordiales de cette communauté qui définit un nouvel art de vivre responsable, local et innovant. Le vivre-ensemble est l'autre valeur de ce projet, qui est né avant celui des halles du Lez, visibles depuis la route.

Les halles viennent de fêter leurs 3 ans d'installation : elles s'inspirent des halles Bocuse à Lyon et du Foodhallen d'Amsterdam, où l'aménagement contemporain se mêle au bien manger dans un esprit industriel, mais ethnique. Ce projet d'envergure intégré au marché du Lez est unique à Montpellier. Il a été porté par Gaïa Promotion et une équipe d'architectes et de décorateurs formée par Nicolas Kuseni de l'agence NK Design Studio. L'ensemble architectural est mis en valeur par l'intervention des artistes Supakitch & Koralie et Little Madi qui ont réalisé une œuvre de plus de 600 mètres carrés. Chapeau les artistes !

Adresse 1348 avenue de la Mer-Raymond-Dugrand, 34000 Montpellier, www.marchedulez.com | Transports en commun Tram 3, arrêt Pablo-Picasso | Horaires d'ouverture Du mardi au dimanche de 10 h à 19 h | À savoir Sortez de la cité culturelle et baladez-vous le long du sentier aménagé qui longe le Lez, après le parking. Vous tomberez nez à nez avec des œuvres murales de street artistes locaux de renommée qui ont répondu à des commandes. Elles sont situées sur les pylônes soutenant l'autoroute qui mène vers Nîmes d'un côté et Sète, puis Barcelone de l'autre.

64 Les mascarons des hôtels particuliers

Les visages surprenants des demeures anciennes

Hérités de l'architecture gréco-romaine, les mascarons reviennent à la mode au moment de la Renaissance italienne et arrivent en France pendant les guerres d'Italie au XVIe siècle. À l'origine, ces têtes humaines ont pour fonction d'effrayer les mauvais esprits afin qu'ils n'entrent pas dans les demeures, mais au XVIIIe siècle, cet ornement se généralise plutôt dans un but esthétique, en particulier à Paris et à Bordeaux. Les façades de Montpellier s'embellissent aussi de ces figures sculptées que l'on peut admirer sur de nombreuses bâtisses dans tout le centre-ville.

À partir de 1720 les façades des hôtels particuliers, comme celui de Deydé, s'ornent de mascarons qui n'ont pas qu'une fonction décorative ; chacun a une signification particulière, qu'il est plus ou moins simple de décoder. Souvent, ces visages évoquent des divinités, comme c'est le cas à l'hôtel de Deydé, mais on retrouve également régulièrement les motifs des heures et des saisons. Attardez-vous sur la façade de l'hôtel de Planque, qui est ornée de superbes mascarons : ces derniers représentent les heures du jour et de la nuit. Pour les reconnaître, c'est assez simple : les quatre visages ont des attributs, la lune, la chouette, l'étoile et la fleur, qui représentent le crépuscule, la nuit, l'aurore et le jour. Ces heures sont d'ailleurs souvent incarnées par des divinités du panthéon gréco-romain : le soir est en lien avec la déesse Diane/Artémis, déesse de la chasse, qui porte un croissant de lune sur le front, alors que le matin est symbolisé par la déesse Aurore/Éos avec l'étoile du point du jour sur le front également. Les fenêtres se ferment par des volets caractéristiques de Montpellier. De l'extérieur, ces fenêtres débordent sur les côtés et forment deux feuilles distinctes.

Vers 1740, les mascarons adoptent une tout autre fonction, plus caricaturale et comique, comme on peut l'apercevoir au-dessus de l'hôtel Baudon de Mauny.

Adresse Dans différentes rues de Montpellier, notamment au 8 rue du Cannau, 25 rue de l'Aiguillerie, 1 rue de la Carbonnerie, 34000 Montpellier | Horaires d'ouverture Demeures privées donc pas de possibilité d'entrer, mais les mascarons sont visibles depuis l'extérieur pour la plupart | À savoir Vous pensiez que les mascarons ont un rapport avec les petites pâtisseries rondes à la mode ? Eh bien non : le mot « mascaron » vient de l'italien *mascharone* (grand masque), venu lui-même de l'arabe *mascara*, la bouffonnerie.

65 Le Mikvé

Le plus ancien bain juif d'Europe

Qui aurait pu croire que, lors de travaux en 1980, un particulier découvrirait dans sa maison un bijou patrimonial datant du XIIe siècle ? Il s'agissait d'un des plus anciens bains juifs – ou le mikvé –, et le mieux conservé d'Europe. Quand on pénètre dans le lieu, on arrive d'abord dans une cour, puis on se baisse pour entrer par la petite ouverture qui donne sur un escalier étroit. Ce dernier nous amène jusqu'à un bassin en sous-sol. Au plafond se trouvent des voûtes romanes du Moyen Âge. En chemin, on s'arrête au déshabilloir, où se trouve une niche pour déposer ses vêtements. Les eaux translucides du bain apparaissent à travers une baie géminée à colonnette romane. Le bassin est alimenté en eau par une source naturelle provenant d'une nappe phréatique à proximité. Il sert à la purification spirituelle ; l'immersion des corps engendre la renaissance de l'être.

Au Moyen Âge, le mikvé se trouvait à côté d'une synagogue, dont des vestiges se trouvent dans un immeuble rue de la Barralerie et sont en cours de restauration. L'ensemble comportait également une maison d'études et la maison de l'aumône, que les archéologues tentent aussi de mettre au jour. Le quartier était vivant, composé d'une communauté de commerçants, d'artisans et de médecins attestés. Terre d'accueil pour les juifs d'Andalousie chassés d'Espagne, Montpellier était souvent qualifiée de « petite Cordoue ». À l'époque, c'était un centre important d'enseignement talmudique, de diffusion de l'exégèse et de transmission des sciences arabes, comme la médecine et la géographie. Cette communauté fut tolérée jusqu'à l'expulsion des juifs en 1394. Le mikvé a alors été abandonné et oublié.

Ouvert au public en 1985, ce lieu est le plus beau vestige patrimonial de la présence juive dans la ville. En 2000, la ville y a créé l'Institut universitaire euro-méditerranéen Maïmonide, consacré aux origines de Montpellier, ville au carrefour des civilisations. Ce centre programme des conférences qui permettent le dialogue interreligieux.

Adresse Institut Maïmonide, 1 rue de la Barralerie, 34000 Montpellier, www.maimonide-institut.com | Transports en commun Tram 1/2, arrêt Comédie | Horaires d'ouverture Le mikvé se visite avec l'office de tourisme de Montpellier (tél. 04 67 60 60 60) | À savoir Dans le quartier du Nouveau Saint-Roch, non loin de l'arrêt de tramway Nouveau-Saint-Roch, se trouve un mikvé moderne pour les femmes et les hommes, fréquemment utilisé (12 rue des Candeliers 34000 Montpellier).

66_Mitouls Factory

Le lieu qui nous fait retomber en enfance

Osez entrer au Mitouls Factory, ce petit lieu atypique et coloré de 12 mètres carrés au cœur du quartier Saint-Roch qui attire tous les regards ! Poussez la porte et vous rencontrerez Samy Sulem. Originaire de la région, cet artiste autodidacte est attiré par l'art depuis son enfance et en a fait son métier, poussé par l'irrépressible envie de créer quelque chose de nouveau. À la suite de tentatives picturales, il se tourne vers la création de volumes en trois dimensions par lesquels il tente d'exprimer sa vision comique de la réalité.

Samy a ouvert sa boutique-atelier en 2010. Pour la petite histoire, le nom de « Mitouls » vient d'un mot inventé par sa fille quand elle était petite pour désigner la pluie qui tombait sur le sol de la place de la Comédie. Dans cet espace, il expose tout type de choses : des sculptures ludiques et animées, mais aussi des bijoux en porcelaine cuits dans le four de ses amis céramistes de 500 Degrés, la boutique d'à côté. Ses personnages enfantins et comiques à la forme humaine ou animale et aux yeux interrogateurs vous surprendront !

Les techniques mises en œuvre sont minimalistes, mais visent une forte expressivité. Le papier mâché a une place centrale dans son travail, puisqu'il permet la réalisation d'étranges volatiles. L'assemblage d'objets hors d'usage, souvent glanés à la fin des marchés aux puces, donne naissance à des êtres étonnants. Ici, l'art doit mener à une conversion du regard : il s'agit d'apprendre à voir les choses autrement et de trouver l'agencement qui prêtera à vous faire sourire ! C'est aussi un moyen de retrouver sa naïveté et de s'autoriser à créer comme quand nous étions enfants. C'est cette recherche que Samy tente de partager en organisant des ateliers en petits groupes, qui ont souvent lieu sur une simple planche de bois installée devant l'entrée de la boutique-atelier. En l'espace de 2 heures, des créations étonnantes sortent des mains et du regard des apprentis artistes ! Il suffit de faire parler son imagination.

Adresse 5 rue en Gondeau, 34000 Montpellier, www.mitoulsfactory.com | Transports en commun Tram 4, arrêt Saint-Guilhem – Courreau | Horaires d'ouverture Du mardi au samedi de 10 h à 12 h et de 14 h à 19 h | À savoir Tout à côté, 500 Degrés vous fera découvrir l'univers du céramiste Laurent Bourgoin, maître des lieux, avec Allison Lake, depuis 2003. Leur atelier-boutique est disposé sur deux étages : l'atelier au sous-sol et le magasin au rez-de-chaussée et propose des objets du quotidien pratiques et charmants pour partager des moments simples et chaleureux.

67 Le MO.CO.

Les différentes facettes de l'art contemporain

Depuis le 10 juillet 2017, l'art contemporain à Montpellier est incarné par le projet MO.CO., pour « Montpellier Contemporain », qui réunit trois entités emblématiques : l'École supérieure des Beaux-Arts, la Panacée et l'Hôtel des collections. Ces deux derniers sont deux lieux d'exposition.

Actuellement, l'École supérieure des Beaux-Arts (Esba) est un établissement public d'enseignement supérieur. L'enseignement de l'art existe depuis le XIIIe siècle à Montpellier, mais était intégré aux cursus classiques au sein de l'École de droit et des arts, créée officiellement en 1249 par une bulle pontificale avant d'être intégrée à l'université de Montpellier. La première école de peinture est créée en 1679, puis devient la Société des Beaux-Arts de Montpellier, installée dans le collège des jésuites. Finalement, la ville fonde son École municipale des Beaux-Arts environ 100 ans plus tard, établissement par ailleurs très réputé au niveau national – ce n'est qu'en 1984 que l'établissement s'implante définitivement dans le quartier qui porte son nom.

Quant à La Panacée, c'est un centre d'art contemporain et un lieu de rencontres et d'échanges depuis le 23 juin 2013. Auparavant y siégeait un collège royal de médecine rénové par la ville de Montpellier. Il dispose de 1 000 mètres carrés d'exposition dans l'Écusson de Montpellier. Ses murs accueillent aussi Le Café de La Panacée, qui organise des conférences. L'Hôtel des collections et son jardin sont plus récents : le musée d'art contemporain a ouvert le 29 juin 2019. Il dispose d'une surface de 3 500 mètres carrés dans l'ancien hôtel Montcalm, situé près de la gare Saint-Roch. Cet espace n'a pas de collection permanente et consacre ses expositions publiques ou privées à des thèmes originaux, tels que *Cosmogonies* de la Collection Zinsou (fondation au Bénin) dans le cadre du sommet Afrique-France en 2021 ou encore *BOOM*, une exposition temporaire s'étant tenue sur un week-end en 2019. Il y a aussi un restaurant, Faune, et une boutique.

Adresse Esba : 130 rue Yéhudi-Ménuhin ; La Panacée : 14 rue de l'École-de-Pharmacie ; Hôtel des collections : 13 rue de la République, 34000 Montpellier | Horaires d'ouverture Esba : Du lundi au vendredi de 9 h à 18 h (le vendredi jusqu'à 17 h) ; La Panacée : du mercredi au samedi de 10 h à 1 h et le dimanche de 10 h à 18 h ; Hôtel des collections : du mardi au dimanche de 11 h à 18 h | À savoir Le célèbre artiste peintre et sculpteur Pierre Soulages a fréquenté l'École des Beaux-Arts de Montpellier après sa démobilisation en 1941. Il y a même rencontré son épouse, Colette Llaurens.

68 Le monument Rabelais

Gargantua, Pantagruel et les autres

Au Jardin des plantes, à l'ombre d'un micocoulier, un monument honore la mémoire de François Rabelais. Ce dernier a eu la chance d'être étudiant en 1530, puis professeur à l'université de médecine de la ville à la fin du XVIe siècle. Son image figure parmi les portraits des professeurs qui ont marqué l'histoire de la faculté, trônant dans la salle des Actes et du Conseil. Mais Rabelais était aussi écrivain. Son style est particulier puisqu'orienté vers l'humanisme chrétien tout en s'inspirant du folklore et de la tradition orale populaire. Roi de la parodie et de la satire, il était connu pour ses idéaux de paix, de tolérance et de retour aux valeurs antiques.

Sur le monument montpelliérain se trouvent des représentations des géants Gargantua et Pantagruel, qui symbolisent l'idéal humain de la Renaissance. Ainsi, Rabelais a réalisé une transposition physique du gigantisme intellectuel de l'humanisme. De l'autre côté nichent Frère Jean des Entommeures et Panurge, prototype de l'étudiant montpelliérain. Le bas-relief sur la face avant représente, quant à lui, *La morale comédie de celui qui avait épousé une femme muette*, en référence à une farce écrite par Rabelais, mise en livre au XIXe siècle par Anatole France. Ce récit raconte le triste sort d'un bourgeois de la ville, désespéré parce que son épouse est muette. Les chirurgiens lui rendent la voix, mais l'homme ne peut supporter les jacasseries de sa femme. Il oblige alors les médecins à inverser le processus : pour répondre à sa demande, ceux-ci le rendent sourd ! De rage, l'homme et sa femme battent les médecins, qui finissent à demi morts. Très en vogue, la pièce était jouée sur des tréteaux dans la rue de la Loge.

Les personnages, visibles sur le bas-relief à droite, représentent la faculté de médecine, sous l'apparence allégorique d'une jeune femme en costume professoral, et un carabin, avec cape et faluche. *Gargantua* est un plaidoyer pour une culture humaniste, contre les lourdeurs de l'enseignement dispensé à La Sorbonne.

Adresse Jardin des plantes, boulevard Henri-IV, 34000 Montpellier | Transports en commun Tram 4, arrêt Albert-1er – Cathédrale | Horaires d'ouverture En été, du mardi au dimanche de 12 h à 20 h ; en hiver, du mardi au dimanche de 12 h à 18 h | À savoir De l'autre côté du boulevard, en montant vers le jardin du Peyrou, se trouve une magnifique verrière du début du XXe siècle.

69 Les Multipliants

Un ordre religieux déviant du XVIIIe siècle

Dans cette maison, au n° 5 de l'actuelle rue des Multipliants, se trouvait, au XVIIIe siècle, le refuge d'une secte, créée par la veuve d'un marchand. Tout débuta en 1685, à la révocation de l'édit de Nantes interdisant aux huguenots de pratiquer leur religion, qui provoqua la guerre des camisards, un soulèvement de paysans protestants dans la région. À sa suite survint une vague de prophétisme : des hommes, femmes et jeunes gens souvent illettrés, se disant « inspirés par le Saint-Esprit », prenaient la place des pasteurs pour prêcher un discours apocalyptique. Ces « petits prophètes » faisaient passer leurs messages au cours de séances prenant souvent des allures de transes ou de crises d'hystérie.

Anne Robert, la veuve du marchand Verchant, aurait vu un matin le ciel s'ouvrir et Dieu apparaître, vêtu de blanc, accompagné d'anges pour lui annoncer la vérité. Dévouée à sa vision, elle souhaita renouer de façon radicale avec l'ordre religieux et tirer un trait sur le prophétisme qui en avait tari les valeurs. Elle créa une nouvelle Église, qui se changea peu à peu en secte dite des « Multipliants », active de 1719 à 1723. Ses adeptes, qui souhaitaient se couper du monde, se marièrent entre eux – ils seraient allés jusqu'à pratiquer la polygamie –, prirent des noms étranges, adoptèrent un langage codé « dicté par le Saint-Esprit » et participèrent à des prêches fanatiques. Arrêtés et jugés en 1723, certains furent pendus, quelques femmes enfermées à vie dans la tour de Constance à Aigues-Mortes, et le reste des hommes envoyé aux galères.

Le premier étage de la demeure qui leur servit de refuge était partagé en trois pièces, où se déroulaient des cérémonies religieuses. Une des pièces était une chambre mystique tapissée de symboles : petites pyramides, bandes de couleur, fleurs de lys, soleil au centre, étoiles en papier doré et écrits extravagants en langue prophétique. Après le jugement, la maison a été détruite avec interdiction d'en reconstruire une. L'interdit semble toujours respecté : on ne trouve à l'emplacement qu'un petit rez-de-chaussée, qui laisse un vide entre deux immeubles.

Adresse 5 rue des Multipliants, 34000 Montpellier | Transports en commun Tram 4, arrêt Saint-Guilhem – Courreau | Horaires d'ouverture La maison est privée et ne se visite pas | À savoir Si la saison s'y prête, allez déguster une glace artisanale faite avec des produits de qualité chez le glacier La Banquise, dans la même rue. Il propose plus de 40 parfums de glaces et de sorbets pour le plaisir de vos papilles (1 rue des Multipliants, 34000 Montpellier) !

70_Le musée d'Art Brut

Héritage familial

Pour les amateurs passionnés de musées décalés, aventurez-vous dans le quartier des Beaux-Arts pour découvrir le musée d'Art Brut, l'atelier-musée de Fernand Michel, qui a ouvert ses portes au printemps 2016. La famille de l'artiste a décidé de proposer ce lieu au public pour mettre en valeur son atelier, ses œuvres et son univers. Depuis cette date, ses fils, Patrick et Denys lui rendent hommage et proposent régulièrement des expositions croisées, en mettant en relation l'art de leur père avec celui des artistes du même courant ou de ceux qui s'en approchent, que ce soit l'art singulier, le *folk art* ou encore le *mail art*. En 2017, une exposition temporaire montrait les toiles lumineuses d'Yvon Taillandier, un précurseur de la figuration libre avec une touche humoristique qui seyait bien à ce musée d'Art Brut.

Relieur de profession, Fernand Michel est surnommé « l'artiste-zingueur » en raison de sa passion pour ce matériau à l'apparence austère, ce qui est une fausse impression, car le résultat peut être joyeux, comme le démontrent certaines de ses œuvres.

Sur les pas du représentant de l'art brut Jean Dubuffet, Fernand Michel a collectionné les productions d'artistes incarnant ce courant artistique appelé « l'art des fous ». Parmi eux, de grands noms exposés au musée de l'Art Brut à Lausanne ou au LaM à Villeneuve-D'Ascq, comme Adolf Wölfli, Scottie Wilson, Anselme Boix-Vives ou Jaber. On découvre aussi des artistes installés dans la région Occitanie comme Claude Massé, Sylvain Corentin ou encore Gérard Lattier, artistes du XXe siècle. Dans ce lieu qui expose 250 artistes, plus de 700 œuvres sont présentées au public sur les 2 500 présentes dans le fonds. Le reste est dans la réserve familiale. Étonnement, émotion et interrogation, telles sont les réactions diverses des publics lorsqu'ils visitent ce lieu. Par la fragilité perceptible de ses œuvres, Fernand ne cesse de fasciner. Le pari des fils est réussi !

Adresse 1 rue Beauséjour, 34000 Montpellier | Transports en commun Tram 2, arrêt Beaux-Arts | Horaires d'ouverture Du mercredi au dimanche de 10 h à 13 h et de 14 h à 18 h | À savoir Dans la même rue, à 2 minutes à pied, dirigez-vous vers l'École supérieure des Beaux-Arts qui possède sa propre salle d'exposition pour admirer l'exposition temporaire du moment. Vous y découvrirez les talents de demain.

71 La Nef

Un nouveau souffle pour une chapelle

Fermée au public pendant plus de 50 ans, la chapelle de la Visitation, inscrite à l'inventaire national des monuments historiques, fait partie du patrimoine montpelliérain depuis le XVIIe siècle. Elle a été construite entre 1650 et 1656 par le maître maçon Jean Bonnassier à la demande de l'évêque de Montpellier qui souhaitait accueillir les religieuses de la Visitation. Au milieu du XXe siècle, la chapelle ferme ses portes et est désacralisée. Ce n'est qu'en 2012 que les Ateliers d'Art de France acquièrent ce lieu d'exception et procèdent à sa restauration. La Nef constitue aujourd'hui un écrin patrimonial qui témoigne de la pérennité des métiers d'art à travers les siècles.

Comment transformer un lieu de culte abandonné depuis plus d'un demi-siècle en espace pluridisciplinaire de 300 mètres carrés dédié aux métiers d'art ? « En instaurant un dialogue entre le bâtiment existant, une restauration ponctuelle, voire chirurgicale, et un apport de mobilier contemporain », assure l'architecte Nicolas André, chargé avec son confrère parisien Nabil Hamdouni de ce chantier d'une grande complexité technique.

La première exposition inaugurale de La Nef a eu lieu le 5 mars 2015. Les Ateliers d'Art de France mettent en avant la scène des métiers d'art actuelle à travers une sélection de pièces exceptionnelles. Œuvres monumentales, mobilier, bijoux ou pièces sculpturales dialoguent avec l'architecture du lieu : une pléiade de savoir-faire est présentée, permettant au public d'appréhender les métiers d'art dans toute leur diversité. Céramistes, créateurs de bijoux ou de meubles, verriers et bien d'autres encore sont au rendez-vous, avec, en fil conducteur, la singularité et l'authenticité de pièces faites main, l'éclat des matières et des savoir-faire pointus. Ancrés depuis 1998 en Languedoc-Roussillon, les Ateliers d'Art de France valorisent les créations des métiers d'art à travers des salons, des expositions et des évènements culturels. Les idées pour les années à venir ne manquent pas.

Adresse 41 rue de l'Université, 34000 Montpellier, www.ateliersdart.com | **Transports en commun** Tram 4, arrêt Albert-1er – Cathédrale | **Horaires d'ouverture** Le mardi, le jeudi, le vendredi et le samedi de 10 h à 13 h et de 14 h à 18 h | **À savoir** Non loin de La Nef, proche de la Porte de la Blanquerie, se trouve une fontaine singulière réalisée par le sculpteur Rémi Coudrain en 1989. Cette sculpture représente une tête de lion « solaire » qui crache de l'eau dans un bassin et a remplacé un abreuvoir pour les animaux. Cette pierre de calcaire provenant de Lozère pèse 3 tonnes.

72_L'observatoire de la Babote

Des fantômes et des étoiles

La tour de la Babote a un nom original. Elle vient de l'occitan *babota* qui veut dire « fantôme ». Dans un bail de mars 1299, elle est désignée comme la « tour qui est près du puits des Bains ». En 1304, c'est la « tour des Bains » en raison de la proximité d'une maison des étuves. Ce n'est qu'après le XVIe siècle qu'elle prit son nom actuel. Elle est l'un des rares éléments conservés de la « commune clôture » (nom de l'enceinte médiévale du XIIIe siècle). Construite pour contrôler l'entrée de la ville, elle servit de système défensif lors du siège de Louis XIII en 1622.

La tour connaît ensuite un destin original : grâce au vote en 1739 des États du Languedoc, la tour fut aménagée pour accueillir l'observatoire astronomique de l'Académie des sciences qui s'installe en 1745, après une prévision lunaire qui s'était avérée. Un procès entre les scientifiques et la communauté des Pénitents Bleus, qui avait un lieu de culte à proximité, entraîna l'élévation du bâtiment, financé par les religieux : ces derniers avaient perdu le procès. Mais l'histoire la plus étonnante était celle d'un inventeur fou, Louis-Sébastien Lenormand, qui essaya son parachute du haut de la tour en 1783. En réalité, il testa son invention sur des animaux… En 1832, un autre inventeur, Claude Chappe, fit de la tour un moyen de communication. Il installa un télégraphe sur le toit, ce qui permettait d'envoyer des messages codés aux villes environnantes. Ce système fonctionna jusqu'à l'arrivée du télégraphe à fil en 1900. De 1902 à 1922, la tour retrouva sa fonction d'observatoire investie par la faculté des sciences.

La tour est classée au titre des monuments historiques depuis 1927 et abrita le musée du Vieux Montpellier en 1950. Depuis 1981, la Société astronomique de Montpellier loge dans la tour. Les membres de l'association se rassemblent entre passionnés pour observer les étoiles. Ils possèdent un deuxième observatoire dans les Cévennes, au lac des Pises, et réalisent des missions avec la NASA.

Adresse 17 boulevard de l'Observatoire, 34000 Montpellier | **Transports en commun** Tram 3/4, arrêt Observatoire | **Horaires d'ouverture** Ouvert pendant les Journées européennes du patrimoine. Pour d'autres informations, contactez la Société d'astronomie de Montpellier au 06 77 16 54 02 | **À savoir** Non loin de la tour, au niveau des grilles sous les arbres ombragés, vous apercevrez trois portes surmontées de numéros entre 13 et 15 qui semblent être les vestiges des bains publics qui existaient autrefois. Aujourd'hui, le bâtiment accueille une boutique de prêt-à-porter.

73_L'opéra Comédie

Les résurrections d'un lieu de spectacle

L'opéra Comédie, installé sur la place à laquelle il a donné son nom, ressemble, par son style architectural éclectique, au plus célèbre opéra français, l'opéra Garnier, érigé en 1875. À priori, cet édifice semble se trouver là depuis toujours. Et pourtant, il a subi trois destructions.

Un premier théâtre, érigé par l'architecte Jacques Philippe Mareschal, a vu le jour le 22 décembre 1755. Il était alors composé d'une salle de spectacle et d'une salle de concert perpendiculaire, une construction originale que l'on retrouve seulement à Montpellier. Mais après 30 ans de bons et loyaux services, un évènement vint réduire en cendres ce monument de la vie culturelle montpelliéraine.

En effet, une nuit de décembre 1785, un incendie se déclencha dans les coulisses du théâtre, qui fut ravagé par les flammes. À l'époque, une grande partie des éléments architecturaux de nombreux bâtiments étaient composés de bois – ce qui était le cas ici –, et l'éclairage à la bougie constituait un risque permanent d'incendie. Heureusement un deuxième théâtre, construit à l'identique, vit le jour peu de temps après, en 1788. Mais un nouvel incendie le détériora un an plus tard. On le restaura et les spectacles reprirent sans discontinuer pendant près d'un siècle.

Malheureusement, une nuit d'avril 1881, la malédiction de l'incendie s'abattit à nouveau sur l'édifice, qu'il fallut à nouveau reconstruire de zéro. En attendant, un luxueux théâtre en bois situé sur l'esplanade fut provisoirement érigé, le temps de l'installation du futur opéra. À la suite d'un concours lancé par la ville, un projet architectural reprenant un modèle d'opéra à l'italienne fut lancé. Quatre ans plus tard, la première pierre fut posée sur la place de la Comédie. Finalement, le quatrième édifice fut achevé par l'architecte Marie-Joseph Cassien-Bernard, un élève de Charles Garnier, en 1888. Le bâtiment est un des symboles culturels de la ville et un lieu de vie central des Montpelliérains.

Adresse Place de la Comédie, 34000 Montpellier, www.opera-orchestre-montpellier.fr | **Transports en commun** Tram 1/2, arrêt Comédie | **Horaires d'ouverture** Accès lors de spectacles ou de visites guidées organisées par l'office de tourisme | **À savoir** Deux imposantes maquettes de l'opéra, réalisées à l'occasion des travaux de modernisation de l'espace scénique en 2011, sont visibles dans le hall. Elles permettent de prendre conscience de la taille réelle du bâtiment, et surtout d'apercevoir tous les espaces inaccessibles au public.

74_Le palais de justice

Un ancien château devenu lieu de justice

Qui pourrait croire qu'en face du majestueux palais de justice de style néoclassique se trouvait la demeure des fondateurs de Montpellier, dont il ne reste pas de trace ? En effet, au Moyen Âge était installée là l'ancienne forteresse des Guilhem, autrement dit le palais des seigneurs de Montpellier. Guilhem Ier fit construire ce fief en 985, date de la création de la ville. Sous la garde de cette famille, la justice pour les affaires civiles et criminelles était rendue par un bailli, un officier qui rendait justice au nom d'un roi ou d'un seigneur. Ses décisions étaient examinées devant la cour du seigneur, située dans l'ancien château fort qui se trouvait sur la colline du Puech Castel, au-dessus de la ville de Clermont-l'Hérault.

En 1349, Montpellier passa sous la domination des rois de France, représentés par les gouverneurs du palais. En 1577, lors des guerres de Religion, la forteresse du centre-ville est démolie. En 1629, la cour des comptes, aides et finances de Montpellier s'installe à sa place en utilisant les restes de l'ancien édifice. À la Révolution, le bâtiment reçoit le tribunal révolutionnaire, qui devient une cour impériale en 1811 sous Napoléon, puis une cour royale en 1814, lors du retour de la monarchie. Au XIXe siècle, la municipalité décide de construire un nouveau palais de justice en face de l'ancien, passablement délabré. Le projet de Charles Abric, architecte du département de l'Hérault et créateur d'un certain nombre de bâtiments montpelliérains, est retenu. Le palais de justice est construit de 1846 à 1853 et abrite aujourd'hui la cour d'assises et la cour d'appel. Inscrit au titre des monuments historiques depuis 1994, il a connu des périodes de rénovation et c'est le cas actuellement de la partie principale, en cours de restauration.

Depuis 1996, certaines administrations, comme le tribunal judiciaire, ont été transférées dans le nouveau palais de justice, dans la cité judiciaire Méditerranée, place Pierre-Flotte, à côté de la promenade du Peyrou.

Adresse 1 rue Foch, 34000 Montpellier | **Transports en commun** Tram 3/4, arrêt Peyrou – Arc-de-Triomphe | **Horaires d'ouverture** Du lundi au vendredi de 8 h 30 à 12 h et de 13 h 30 à 17 h | **À savoir** Dans le prolongement du palais de justice se trouvait l'ancienne prison, qui permettait d'incarcérer directement les personnes jugées coupables à la cour d'assises (voir chap. 89).

75 Le Panier d'Aimé

Le charme des spécialités locales

Le Panier d'Aimé est une épicerie fine créée en 2012. Elle est située sur une place vivante et chargée d'histoire de Montpellier, la place de la Canourgue. Les propriétaires, James et Nathalie, se sont installés dans la ville après 12 ans passés à Font-Romeu, dans les Pyrénées-Orientales, avec l'envie de valoriser les produits régionaux pour les faire découvrir et redécouvrir aux locaux et aux visiteurs de passage, sans prétention.

Aujourd'hui, la boutique compte plus de 2 700 références venant de 250 producteurs, dont 60 % proviennent de la région Occitanie et du sud de la France. Les incontournables sont les zézettes de Sète, les tapenades, les terrines, les produits à la châtaigne des Cévennes, les confitures, le foie gras, l'huile d'olive, le riz de Camargue et une sélection de vins uniquement de domaines à proximité, avec une large part de vins bios. Depuis 4 ans, le couple a ajouté à la boutique une gamme d'épices en vrac : James et Nathalie prennent beaucoup de plaisir à étonner leurs clients avec de nouvelles saveurs et à échanger avec eux sur des recettes. Un rayon frais a également été installé et propose, entre autres, du saumon de la Maison Barthouil installée dans les Landes ou du caviar d'Aquitaine de la Maison Sturia de Saint-Loubès. On trouve aussi du café en grain, qui peut être moulu à la demande.

Pour faire vivre leur magasin, les commerçants proposent de temps en temps des dégustations ludiques, invitant les participants à explorer des goûts originaux et à découvrir des produits locaux. Amoureux du terroir, le couple souhaite avant tout offrir des produits de belle qualité élaborés par des artisans exigeants, mais aussi être au service de leurs clients pour que le moment passé dans la boutique soit source de convivialité et de plaisir. Aujourd'hui, Le Panier d'Aimé figure parmi les meilleures épiceries fines du centre-ville, pour le plaisir des Montpelliérains et des curieux de passage.

Adresse 6 rue du Plan-du-Palais, 34000 Montpellier, lepanierdaime.fr | Transports en commun Tram 3/4, arrêt Peyrou – Arc-de-Triomphe | Horaires d'ouverture Du lundi au samedi de 9 h 30 à 19 h | À savoir Les célèbres grisettes de Montpellier sont évidemment aussi vendues au Panier d'Aimé. Inventées au Moyen Âge, elles servaient de pastille aux pèlerins en route vers Saint-Jacques. D'ailleurs, les changeurs les utilisaient pour faire l'appoint de leurs transactions.

76_Les passages cachés

La beauté des ruelles couvertes

Dans chaque ville existent des passages secrets qui permettaient d'aller plus vite d'un point à un autre. En les empruntant, on ne peut s'empêcher de penser aux passages parisiens, très en vogue dans la première moitié du XIXe siècle. D'ailleurs en 1850, Paris comptait environ 150 passages couverts – mode imitée par d'autres villes en France. Toutefois, les travaux du baron Haussmann perçant de grandes avenues et la concurrence des grands magasins ont entraîné la disparition progressive des passages étroits et de leurs petites boutiques dissimulées.

Les deux passages de Montpellier ont été construits pour suivre cette tendance. Le premier, qui se trouve rue de la Loge, proche de la rue la plus animée et la plus passante de la cité, se découvre au détour d'un angle de rue. Le deuxième se faufile entre plusieurs immeubles pour déboucher sur la place des Martyrs-de-la-Résistance d'un côté et sur la rue de l'Aiguillerie de l'autre. On passe sous une voûte et, quand on regarde au plafond, on y voit le blason d'une famille dont les armes ont disparu. Après avoir passé une verrière, on remarque quatre pilastres symétriques qui ont besoin d'une restauration. Autrefois, il semblerait que ces passages abritaient des magasins ou des bureaux à l'écart des nuisances du centre-ville.

Souvent animées par des commerces, bouquinistes ou artisans, ces galeries sont généralement fermées la nuit. Protégées par des grilles, celles de Montpellier permettent l'accès à des bureaux, des logements et à l'arrière de plusieurs boutiques. En outre, elles offrent un abri apprécié lors des intempéries. Le dernier passage couvert de Montpellier date du XXIe siècle : c'est le Polygone avec son immense verrière au plafond. Cette dernière est résolument contemporaine et s'inscrit dans la lignée de l'architecture française, attachée à valoriser la lumière depuis l'art gothique jusqu'aux grands magasins du siècle dernier.

Adresse Rue de la Loge ; place des Martyrs-de-la-Résistance et rue de l'Aiguillerie, 34000 Montpellier | **Transports en commun** Tram 1/2, arrêt Comédie | **À savoir** Arrêtez-vous au Georges Café, situé dans l'un des passages donnant sur la rue de la Loge, pour prendre un café ou déguster une de leurs pâtisseries. À l'écart de l'agitation, le temps y est suspendu.

77_La pharmacie de la Miséricorde

Un lieu unique dédié à la pharmacopée

Dissimulé derrière la grande porte de l'hôtel des Monnaies se cache un des lieux les plus magiques de Montpellier : la première officine aménagée au début du XVIIIe siècle dans un immeuble appartenant à Mme Anne de Conty d'Argencourt, la bienfaitrice de l'œuvre de la Miséricorde. Celle-ci a été fondée au XVIIe siècle par des dames catholiques qui s'étaient associées aux Sœurs de la Charité de Saint Vincent de Paul. Les sœurs avaient la fonction d'aider les pauvres en leur donnant de la nourriture et des vêtements. Elles fabriquaient aussi des médicaments et remèdes à base de plantes dans leur laboratoire aujourd'hui disparu, à l'instar des herboristes. Par exemple, l'eau de mélisse et la sauge médicinale servaient de calmant pour les femmes en couches, ou encore l'eau de lys à base d'iris jaune des marais était un produit dermatologique efficace. Certains mélanges étaient typiques de la région, comme la thériaque, panacée composée de 80 plantes, d'opium et de couleuvre vipérine réduite en poudre. Elle permettait de soigner le tube digestif et de donner de la tonicité. Outre les remèdes, Montpellier était aussi la ville des parfums – et ce même avant Grasse –, mais le développement de la pharmacopée mit la parfumerie en second plan, et elle perdit peu à peu de sa valeur.

Dans la pharmacie, constituée de deux salles du XVIIIe et du XIXe siècle, plus de 300 céramiques sont toujours en place dans un mobilier d'origine. On y trouve également les portraits des donateurs, qui offraient une partie de leur fortune aux Filles de la Charité. La chapelle de la Miséricorde du XIXe siècle se trouve à côté, dans l'ancien atelier monétaire affecté au culte. On peut y voir des peintures murales bien conservées. La mission de la Miséricorde a pris fin en 2001, tout comme la chapelle qui n'accueille plus de service religieux. Les sœurs ont quitté les lieux à cette date-là.

Adresse 1 rue de la Monnaie, 34000 Montpellier | Transports en commun Tram 1/2, arrêt Comédie | Horaires d'ouverture Du mardi au dimanche de 10 h à 13 h et de 14 h à 18 h (horaires d'hiver) et de 11 h à 13 h et de 14 h à 19 h (horaires d'été) | À savoir Dans la ville de Lodève se trouve une apothicairerie médiévale de renom qui avait des liens avec celle de la Miséricorde. Elle comprend trois espaces distincts : le laboratoire, où étaient réalisés les mélanges, l'arrière-boutique, et l'officine, où les remèdes étaient vendus (7 place de la République, 34700 Lodève).

78_Les pirates de Montpellier

À bord, moussaillon !

Saviez-vous qu'il existe plusieurs lieux dédiés au monde des pirates à Montpellier ? Le bar Barberousse en est un exemple probant. Il en existe 16 en France : à Paris, Nantes, Marseille, Strasbourg, Dijon, Lille ou encore Saint-Étienne ; le premier a été ouvert en 1997 à Grenoble. Ce bar au concept original est devenu très rapidement un lieu incontournable des soirées montpelliéraines pour consommer du rhum de qualité dans l'esprit pirate. Le Barberousse propose une cinquantaine de *shooters* à base de rhum, des planteurs maison et des cocktails, pour rappeler les boissons fétiches des flibustiers. Ambiance festive, partage et rencontres joyeuses sont les maîtres mots du capitaine du navire ! Toutes les générations s'y mélangent et font la fête sur des musiques allant des années 80 à nos jours. Dès l'entrée, le ton est donné : l'accès se fait par un grand escalier et, une fois le sas passé, on se retrouve plongé dans la cale d'un vieux navire ! Du bois du sol au plafond, des mousquets, des sabres, des dames-jeannes et des lanternes ornent le bar pour le plaisir des visiteurs. Il ne reste plus qu'à se laisser porter par les vents… et gare au roulis si l'on boit trop de rhum !

Dans une autre ambiance, Pirates Paradise, un restaurant à destination des enfants, offre une atmosphère inspirée des films *Pirates des Caraïbes*. Pendant le repas, l'animation est faite par les serveurs eux-mêmes dans un décor plus vrai que nature. Un peu plus loin de Montpellier, à Agde exactement, Pirates World propose un parc pour enfants pour s'immerger dans l'univers de ces intrépides corsaires qui ont soif d'aventures.

Enfin, au Cap d'Agde, l'hôtel Cap Pirate propose un service quatre étoiles dans son restaurant, conçu pour faire rêver les enfants et enchanter les adultes par son niveau de détail. Le confort et l'originalité sont au rendez-vous pour les parents et l'émerveillement du lieu pour les enfants, mêlant fiction et réalité.

Adresse Barberousse : 6 rue Boussairolles, 34000 Montpellier ; Pirate Paradise : Odysseum, allée Ulysse, 34000 Montpellier ; Pirates World : Chemin des Dunes, 34300 Agde | **Horaires d'ouverture** Barberousse : du mardi au vendredi de 18 h à 1 h ; Pirate Paradise : du lundi au vendredi de 12 h à 14 h 45 et de 19 h à 22 h 45 ; Pirates World : ouvert du 25 mai au 25 septembre | **À savoir** Il n'y a pas que les enfants qui ont le droit de jouer à des jeux de société. Le Baraka Jeux peut se vanter de posséder 5 000 références de jeux différents. Pas de doute, vous y trouverez votre bonheur pour des soirées endiablées (Odysseum, allée Ulysse, 34000 Montpellier).

79 La place Jean-Jaurès

Un symbole religieux et politique

La place Jean-Jaurès n'a pas toujours porté ce nom. Au XIe siècle, cette place attirait des pèlerins, venus en masse rendre hommage à l'église Notre-Dame-des-Tables qui s'y tenait. C'était alors le lieu de culte le plus important de la cité médiévale, à la fois symbole religieux et politique. Dédiée à l'origine à la Vierge et appelée église Sainte-Marie, elle prit le nom de Notre-Dame-des-Tables au XIIIe siècle, lorsque les changeurs de monnaie installèrent leurs tables au pied de ses murs. Après plusieurs destructions et reconstructions au cours des XVIe et XVIIe siècles, l'église fut définitivement détruite en 1794 – le titre a été transféré à l'ancienne chapelle du collège des Jésuites, devenue siège de la paroisse, puis à un nouvel édifice, situé rue du Collège, la basilique Notre-Dame-des-Tables. Sur l'emplacement de l'ancien lieu de culte fut édifiée une halle à colonnes achevée en 1806, qui servit de marché aux Montpelliérains. Seule une statue de la Vierge, érigée sous la halle, rappelait la destination première du lieu. De la première église ne subsistent que le bas des murs de soutènement et une partie du pavement.

Sous la place une crypte appartenant à l'église est attestée dès l'époque romane ; s'y trouvent les tombeaux d'illustres religieux ayant vécu à Montpellier. Accueillant le musée de l'Histoire de Montpellier, elle est fermée pour travaux.

Aujourd'hui, la place porte le nom du célèbre Jean Jaurès. Cet homme politique, philosophe, humaniste et défenseur de la paix est célèbre pour avoir proclamé l'innocence de Dreyfus à l'Assemblée le 24 décembre 1894 et pour son assassinat à l'aube de la Première Guerre mondiale. Le 27 février 1999, une statue de Jean Jaurès fut inaugurée, copie de la statue de Castres, sa ville natale, en remplacement d'un buste installé en 1922, mais déboulonnée pendant la Seconde Guerre mondiale. Voulu par des élus socialistes, le buste honorait son passage dans les vignes des alentours en 1922, en soutien aux agriculteurs de la région pendant la crise du phylloxera.

Adresse Place Jean-Jaurès, 34000 Montpellier | Transports en commun Tram 1/2, arrêt Comédie | À savoir Aujourd'hui, les bars sont légion sur la place. Si vous cherchez un petit bar à bière de qualité, entrez au Hopulus Brewpu, dans une rue adjacente. Sa nouvelle fonction s'harmonise à merveille avec le lieu d'époque qui l'abrite (8 rue Collot, 34000 Montpellier).

80 La place Pétrarque

La place aux mille détours

La place Pétrarque mérite un petit arrêt : créée en 1715 par l'élargissement de la rue Embouque-d'Or, elle donne sur la très passante rue de l'Aiguillerie. Pour la petite histoire, Pétrarque était un poète et humaniste italien qui a étudié le droit à Montpellier au XIVe siècle.

L'un de ses bâtiments emblématiques est l'hôtel de Varennes, qui attire la curiosité tant pour son histoire que pour les lieux culturels qui l'occupent. Depuis la rue, on aperçoit sa façade au fronton unique, un des seuls cas de ce type à Montpellier. Créé en 1716, le bâtiment est un mélange de styles dû à des réaménagements successifs au cours des différentes époques. En entrant, on se retrouve nez à nez avec des voûtes d'ogives qui ne sont pas d'origine. Au Moyen Âge, c'était un passage entre deux maisons. D'ailleurs, quand on regarde de plus près, on voit une entrée sur la droite située sur le mur avec une baie géminée en forme de trèfle datant du XIVe siècle.

À gauche du passage, sur la terrasse de l'actuel restaurant La Diligence, se trouve un élément d'architecture exceptionnel : la porte principale du château de Mas-de-Londres, demeure de plaisance qui a appartenu à différentes familles entre le XIe et le XVIIIe siècle. Peu avant la Révolution, la porte a été transportée au Jardin des plantes de Montpellier, avant d'être déposée à l'hôtel de Varennes en 1972. Tout droit, un escalier conduit au musée du Vieux-Montpellier où l'on retrouve des chefs-d'œuvre de l'art religieux médiéval et de l'autre côté, au musée Fougau, consacré aux arts et traditions populaires occitans. À droite, on tombe sur une cour intérieure avec un puits du XVe siècle à l'élégante ferronnerie. D'un côté se trouvent la salle Pétrarque, voûtée d'ogives, et son auditorium, qui sert pour des concerts ou des conférences. De l'autre est installée l'université du tiers temps, un service interuniversitaire affilié à la formation continue des adultes dépendant de l'université de Montpellier ayant pour vocation de diffuser la culture et les savoirs scientifiques auprès d'un large public.

Adresse Place Pétrarque, 34000 Montpellier | **Transports en commun** Tram 1/2, arrêt Comédie | **À savoir** Face à la place Pétrarque, côté rue de la Petite-Loge, se trouvait autrefois une voie dédiée entièrement à la vente d'épices provenant d'Afrique du Nord. Les poivriers est le nom des personnes qui vendaient ces produits venus par bateaux.

81 La plaque de Jacques Cœur

À qui l'on doit la prospérité de la ville

La plaque commémorative en l'honneur de Jacques Cœur est située sur un bâtiment historique, au début de la rue de l'Aiguillerie. Autrefois, cet édifice accueillait la Grande Loge des marchands, construite au XVe siècle sur demande du célèbre Jacques Cœur, argentier du roi Charles VII. Établi à Montpellier, dont il fait le siège de ses affaires avec le Levant, Jacques Cœur cherche à doter la ville d'une loge similaire à celles des cités marchandes de la Méditerranée. Il confie alors le chantier au maître d'œuvre de la sénéchaussée de Beaucaire, Simon Beaujeu. Cette loge avait son importance à l'époque, puisqu'elle servait à la fois de bourse et de tribunal de commerce, révélant le pouvoir des commerçants de la ville.

Au XIIe siècle, Montpellier attire de nombreux marchands italiens et prospère grâce au commerce induit par le rayonnement du port de Lattes jusqu'au XIVe siècle. Beaucoup de produits gravitent dans cette zone. À l'époque, la richesse est générée par trois corps de métiers majeurs : les changeurs de monnaie, les vendeurs d'épices et les drapiers. Ces derniers coloraient les draps grâce à plusieurs composants mélangés – dont l'urine ! – et des fleurs de pastel (pour obtenir du bleu) ou des insectes cochenilles (pour une teinte rouge). Les drapiers ont fait la réputation de Montpellier.

La Grande Loge des marchands est appelée « Maison de Jacques Cœur » jusqu'en 1515, malgré la disgrâce de l'argentier en 1456. À partir du XVIe siècle, la loge assume différentes fonctions, des États provinciaux au service paroissial, puis retrouve sa fonction d'origine en 1691, lorsque la bourse des marchands créée par Louis XIV s'y installe. Remplacée en 1704 par une chambre de commerce supprimée pendant la Révolution, elle est vendue comme bien national en 1793. Aujourd'hui elle loge des particuliers. Sur les trois portes d'entrée subsiste une décoration sculptée qui rend hommage au roi Charles VII, symbolisé par le cerf ailé et le soleil.

Adresse Au croisement de la rue de l'Aiguillerie et de la rue de la Loge, 34000 Montpellier | **Transports en commun** Tram 1/2, arrêt Comédie | **À savoir** Non loin de là se trouve un lieu de coworking doté de salles de réunion nommé Come'N'Work. Depuis ces 10 dernières années, ce genre d'espace est très populaire chez les travailleurs indépendants qui souhaitent se retrouver dans un endroit calme pour se concentrer tout en échangeant avec les autres personnes présentes et agrandir leur réseau (31 rue de l'Aiguillerie, 34000 Montpellier).

82 La plaque repère de la mer

Pour ne pas dépasser Louis XIV

Montpellier est sujette aux inondations, qui peuvent vite se transformer en de véritables catastrophes quand elles prennent trop d'ampleur, surtout lors des terribles épisodes cévenols qui font déborder les cours d'eau alentour. Des plaques en fonte éparpillées dans les rues permettent de se souvenir de ces évènements douloureux.

Mais certaines plaques ne font pas référence à ces manifestations naturelles : elles montrent la cote d'altitude par rapport au niveau moyen de la mer. Ces plaques-là ont une histoire : elles apparaissent à Paris au XIXe siècle, scellées aux angles des rues, sur les murs des quais ou sur les immeubles. En 1811, la municipalité souhaite distribuer l'eau de l'Ourcq et connaître les points où elle peut être acheminée par gravité. Des plans de nivellement sont alors mis au point à partir des années 1850. Six ans après, un arrêté indique que le nivellement doit être rapporté au point zéro, le niveau moyen de la mer à Marseille. Le relevé du relief de la capitale commence. Ces plaques de fonte de 25 centimètres de large sur 20 de haut portent le nom de « repère » et la mention du Service des ponts et chaussées, école d'ingénieur française. L'altitude est indiquée par rapport au niveau de la mer et la cote est ensuite inscrite sur les plans donnés aux particuliers. À Montpellier, une même plaque est apposée au niveau de la façade de l'église Saint-Denis, bâtie entre 1699 et 1702 par l'architecte Augustin Charles Daviler. Le relevé de la plaque indique 29 mètres.

Il existe d'autres plaques qui indiquent ce genre d'informations, comme celle accrochée sur le mur extérieur du Peyrou, du côté de l'arc de triomphe. Cette dernière annonce 52 mètres, point le plus haut de la ville – une loi encore en vigueur aujourd'hui oblige les bâtiments à ne pas dépasser le sommet de la statue du roi sur son cheval (voir chap. 100) ! Enfin, on peut admirer une plaque similaire sur la façade de la préfecture donnant sur la place Chabaneau.

Adresse 2 rue Rondelet, 34000 Montpellier | Transports en commun Tram 2/4, arrêt Rondelet | À savoir Le petit train de Palavas est inspiré d'une ligne de train qui reliait Montpellier à la station balnéaire entre 1872 et 1968, autre relique du XIXe siècle, rendue célèbre par le caricaturiste Albert Dubout.

83_Pomme de Reinette et Pomme d'Api

La porte d'entrée du pays des merveilles

Dans le cœur historique de Montpellier, là où serpente la rue de l'Aiguillerie, deux étranges vaisseaux embarquent, depuis 50 ans, les explorateurs de tous âges pour rejoindre le pays des rêves. Pomme de Reinette et Pomme d'Api, magasins de jeux et de jouets, sont nés en 1972 de la rencontre et de l'imagination de Françoise et Alain Simon, les gérants.

Lorsque l'on rentre dans Pomme d'Api, on est accueilli par leur fille, Lucie, et une horde de bonshommes en pain d'épice à hauteur d'enfants. Nous voici au pays des tout-petits, au sein d'une pomme géante où se cachent 1 000 jouets aux couleurs et aux formes douces, où le bois est privilégié. Pendant que certains hésitent entre un nouvel habit pour leur figurine préférée et une souris malicieuse pour se joindre à la dinette des ours dans le château des poupées à l'étage, d'autres découvrent les billes uniques qui feront briller les yeux des copains à la récré et complètent leur déguisement de pirate. Pomme de Reinette, à deux pas, invite, grâce à ses vitrines animées attendues chaque saison, à découvrir un labyrinthe magique, où les aiguilles du temps s'arrêtent pendant un véritable voyage éveillé. La salle des cartes, l'échiquier géant, la forêt magique et enfin l'astronef – où le temps s'affole à nouveau – nous propulsent aux confins de mondes incroyables.

Que rapporteront les explorateurs ? Un gyroscope ou un kaléidoscope ? Peut-être une des boîtes à musique, dont la ritournelle enchante par ses notes cristallines et sa mécanique ingénieuse, ou le praxinoscope qui fait revivre l'invention du cinéma ? À l'image d'Alice ou de Gulliver, nous retrouvons notre taille d'enfant en parcourant ce pays des merveilles qui réveille nos mémoires. Pour qui cette boussole insolite, ce sifflet invisible et ce cerf-volant dragon pour retrouver les pistes de l'aventure et conquérir le ciel ? Si le magicien vous présente un de ses tours, gardez aussi ce secret.

Adresse 33 rue de l'Aiguillerie, 34000 Montpellier, tradition-jouet.com | **Transports en commun** Tram 1/2, arrêt Comédie | **Horaires d'ouverture** Tous les jours, sauf le dimanche, de 10 h à 12 h 30 et de 14 h à 19 h (le lundi seulement l'après-midi) | **À savoir** Autrefois, la droguerie Vitroly Estoul faisait la joie des habitués en quête d'objets farfelus. Située à proximité des halles Castellane, c'était une des boutiques les plus originales de Montpellier. Malheureusement la famille Vitroly Estoul n'a pas trouvé repreneur pour continuer leur activité, arrêtée depuis 8 ans…

84 Le pont du Diable

Là où le Diable s'est fait berner

Ce joli pont de pierre semble parfait dans ce paysage bucolique. Pourtant, son nom fait frissonner… Son histoire débute au Moyen Âge, au XIe siècle plus exactement. Alors que les moines de l'abbaye de Gellone, à Saint-Guilhem-le-Désert, et de l'abbaye d'Aniane construisent un pont qui allait permettre de traverser l'Hérault, ils constatent chaque matin que les travaux réalisés la veille sont systématiquement détruits. Après concertation, ils concluent que quelqu'un sabote la construction durant la nuit.

Un soir, l'un des fondateurs des deux abbayes, Guillaume de Gellone, se rend sur place et attend devant le pont. Il remarque alors qu'un bouc noir met en pièces les travaux réalisés dans la journée. Guillaume reconnaît le Diable déguisé et le somme d'arrêter son méfait. Le Diable se moque et lui propose un marché : grâce à ses pouvoirs, il va construire en 3 jours le pont le plus solide au monde et, en échange, Guillaume devra s'engager à lui livrer l'âme du premier être qui le traversera pour qu'il le suive en enfer. Le fondateur accepte et les travaux reprennent. Trois jours plus tard, l'édifice est terminé et Satan retrouve Guillaume et ses compagnons pour réclamer son dû. Le moine sort alors un os de sa veste et le jette de l'autre côté du pont, suivi par un chien qui le traverse à grande vitesse. Enrageant de s'être fait berner par Guillaume et son chien, le Diable tenta de détruire le pont, mais l'ayant construit le plus solide possible, il ne put y parvenir. Enfin, comprenant qu'il ne pourrait se venger, il se jeta de dépit dans les eaux de l'Hérault et creusa le gouffre noir dans sa chute.

Parfois, en période de crue, la colère du Diable semble se réveiller et ses hurlements surgissent du fond du gouffre. C'est ainsi que pendant de très nombreuses années, les pèlerins et les visiteurs de passage qui traversaient le pont se munissaient de pierres pour les jeter dans le fleuve dans l'espoir d'y laisser le Diable au fond…

Adresse Pont du Diable, entre Saint-Jean-de-Fos et Aniane | Accès En voiture depuis Montpellier prendre l'A750, puis emprunter la D32 et D27 direction Saint-Jean-de-Fos et vous trouverez le parking sur votre gauche qui indique le site du pont du Diable | À savoir À quelques kilomètres du pont se trouve l'abbaye de Gellone. Ce site d'exception offre un panorama au cœur des gorges de l'Hérault, et son patrimoine unique nous rappelle qu'il a marqué l'histoire de la région durant le Moyen Âge (place de la Liberté, 34150 Saint-Guilhem-le-Désert).

85 Les pontets

Sauter d'un lieu à un autre

En vous baladant dans Montpellier, avez-vous aperçu des arcades reliant une maison à l'autre ? On les appelle des pontets. Ce sont des éléments d'architecture en forme d'arche, maintenus en position par un sanglon ou une patte. De nombreux pontets ont été réalisés au Moyen Âge pour agrandir les surfaces habitables des hôtels particuliers. Mais lors de son règne, Jacques d'Aragon, seigneur de Montpellier au début du XIIIe siècle, avait interdit ces extensions, car il trouvait que cela assombrissait les rues déjà étroites.

Dans le centre historique, trois arcs de ce type subsistent encore. Le plus ancien est un passage gothique qui enjambe la rue du Bras-de-Fer. Il a pris le nom de Bonnier puis de Joubert, propriétaires de l'hôtel Rodez-Bénavent voisin. Rue Jacques-Cœur, un arc fut construit en 1528 entre l'église Sainte-Croix (actuelle chapelle des Pénitents Blancs) et la maison d'en face, où logeait un chanoine. Celui-ci souhaitait pouvoir se rendre à la chapelle sans traverser la rue, c'est pourquoi il fit construire ce passage pour accéder directement à son lieu de culte. L'interdiction n'était donc pas toujours respectée ; on suppose que des pots-de-vin permettaient d'obtenir des permis de construire illégaux. Quant au dernier, l'arc Voltaire, il a été réalisé au XVIIe siècle pour Pierre de Grefeuille, chevalier, conseiller du roi et consul de Montpellier. Il fait communiquer la rue de l'Ancien-Courrier et le quartier Saint-Roch. On remarque que le notable a lui aussi obtenu une dérogation pour aménager sa demeure selon son bon plaisir.

Aujourd'hui, les curieux sont attirés par ces passages médiévaux pleins de charme. D'autres éléments issus du Moyen Âge sont disséminés dans la ville, comme les baies géminées que l'on voit notamment en face de l'église Saint-Roch – deux fenêtres accolées que l'on dit jumelles surmontées d'un arc trilobé. On dit même qu'elles auraient été construites proches des angles des maisons afin que les habitants s'y montrent dans leurs plus beaux atours.

Adresse Rue du Bras-de-Fer, rue Jacques-Cœur, rue Voltaire, 34000 Montpellier | **Transports en commun** Tram 1/2, arrêt Comédie | **À savoir** Au niveau du passage Voltaire se trouve un BMX planté dans le mur, œuvre d'un artiste contemporain appelé Monsieur BMX. Avant d'être adoubé, ce passionné de sport extrême s'habillait la nuit en électricien pour fixer ses œuvres aux murs sans être vu. Aujourd'hui, c'est un artiste reconnu qui répond même à des commandes de la municipalité.

86 La porte de la Blanquerie

L'entrée des tanneurs

Quiconque s'est déjà rendu en bas de la rue de l'Université a remarqué une ancienne porte, la porte de la Blanquerie. C'est un vestige des huit portes de la seconde enceinte médiévale de Montpellier, aussi appelée la « commune clôture ». Construite au début du XIIIe siècle, elle donnait accès au Verdanson, un cours d'eau qui se jette dans le Lez et que l'on surnommait ironiquement à l'époque « Merdançon », en raison de son odeur, due aux tanneries qui déversaient leurs déchets dans l'eau. D'ailleurs, le nom « porte de la Blanquerie » viendrait de « blancherie » ou des « blanquiers », ces personnes qui blanchissaient les cuirs et les peaux sur les rives extra-muros. Les tanneurs et les teinturiers utilisaient des plantes pour laver ou colorer les tissus comme le redoul, une plante qui permettait de retenir la couleur sur le tissu.

Au XIVe siècle, deux tours ont été bâties de part et d'autre de la porte pour la protéger – les remparts comportaient 25 tours au total. Ces dernières ont disparu pendant les guerres de Religion. Au XVIIIe siècle, entre 1781 et 1785, le monument est reconstruit et renforcé dans le style néoclassique, d'après les plans de l'architecte Jacques Donnat qui avait travaillé sur le chantier de la place Royale avec son confrère Jean Antoine Giral. Pendant la Révolution, la porte devient pour un temps la porte des Hospices, avant de retrouver son nom d'origine. À l'intérieur de l'enceinte est installée une fontaine avec une tête de lion sculptée par Rémi Coudrain en 1989.

Non loin se trouve la porte du Pila-Saint-Gély, située sur les vestiges de la chapelle de l'hôpital Saint-Esprit. Sa position géographique en faisait l'une des portes principales de la ville pour accéder aux quartiers nobles de l'époque : elle a été traversée par le pape Urbain V qui voulait revoir une dernière fois son université de Montpellier le 9 janvier 1366, avant son départ pour Rome, et par Charles IX le 16 décembre 1564.

Adresse Entre la rue de l'Université et le boulevard Louis-Blanc, 34000 Montpellier | **Accès** Tram 1/4, arrêt Louis-Blanc | **À savoir** Il est possible d'accéder à des cartes anciennes de Montpellier et de sa région sur le site de la mairie de Montpellier (www.montpellier.fr/4053-cartographie-ancienne-de-montpellier.htm).

87 Le portrait de Jean Moulin

Sur les traces d'un grand résistant français

Qui ne connaît pas ce grand résistant français ? Avant de devenir l'une des personnalités les plus connues de France, Jean Moulin a fait des études en droit à Montpellier en 1917. Proche du gouvernement de Vichy jusqu'en novembre 1940, il doit quitter ses fonctions du fait de ses divergences politiques et se rend à Londres en 1941 pour rejoindre le général de Gaulle. C'est à ce moment-là qu'il entre en résistance et commence, sur ordre du général, à coordonner les mouvements résistants dans la zone sud. Parachuté en France en janvier 1942 comme délégué de la France Libre, Jean Moulin parvient à unir les résistants. En janvier 1943, il fonde un comité directeur des Mouvements unis de la Résistance, puis réunit un Conseil national de la Résistance. Il devient le chef de la Résistance et crée des services clandestins en changeant régulièrement de nom. Le 21 juin 1943, il est arrêté par Klaus Barbie et la Gestapo près de Lyon. Il est torturé et meurt le 8 juillet 1943 à la gare de Metz ou en Allemagne, selon les sources. Son corps a été rapatrié au cimetière du Père-Lachaise.

Le 19 décembre 1964, le général de Gaulle fait transférer ses cendres présumées au Panthéon pour commémorer le vingtième anniversaire de la Libération. Le discours d'André Malraux – « Entre ici, Jean Moulin, avec ton terrible cortège » – vibre encore dans les mémoires.

Marcel Bernard, son ami d'enfance, prit une photographie de Jean Moulin de son vivant qui a fait le tour du monde : grâce à elle, le héros de la Résistance est immortalisé sur une plaque commémorative dans le parc du Peyrou. La photo le montre vêtu d'un pardessus et d'une écharpe, caractéristiques de la mode masculine de l'époque. Lorsque la photo a été prise, Jean Moulin était adossé à l'une des arches de l'aqueduc Saint-Clément, en contrebas de la promenade du Peyrou. À Montpellier, une autre plaque rend hommage à son séjour dans la Grand-Rue, qui porte désormais son nom.

Adresse Promenade du Peyrou, 34070 Montpellier | **Transports en commun** Tram 3/4, arrêt Peyrou – Arc-de-Triomphe | **Horaires d'ouverture** La plaque est accessible lorsque la promenade du Peyrou est ouverte : tous les jours de 7 h à 21 h 30 | **À savoir** Flânez dans les allées de la promenade du Peyrou et découvrez ses superbes magnolias. Cet arbre porte le nom de Pierre Magnol, un botaniste réputé qui a introduit le concept de famille pour les groupes de plantes apparentées.

88 La presqu'île de Maguelone

Un patrimoine à préserver

La commune de Villeneuve-lès-Maguelone a une histoire fascinante, puisqu'elle a été fondée sur une presqu'île par les Grecs. Au IVe siècle, une église y voit le jour, suivi d'un évêché, qui ordonne la transformation de l'église en cathédrale Saint-Pierre-et-Saint-Paul de Maguelone. Au XIe siècle, l'édifice devient même un siège épiscopal, alors que des papes chassés de Rome s'y installent. Mais en 1536, à la demande du Pape Urbain V, l'évêque quitte Maguelone pour Montpellier – c'est l'église Saint-Pierre qui devient cathédrale. Puis, au XVIe siècle, les frères Platter, Suisses venus étudier la médecine à Montpellier, font du lieu un hôpital. Disputé par les catholiques et les protestants, le domaine est démantelé par le roi Louis XIII en 1622 : ne reste alors que l'ancienne cathédrale et une modeste maison. Confisqué et vendu comme bien national à la Révolution, le lieu est acquis en 1852 par Jacques Bonaventure.

Passionné par ce lieu, Frédéric Fabrège, le fils de Jacques Bonaventure, entreprend des fouilles pour retrouver les fondations et repérer l'emplacement des bâtiments médiévaux rasés en 1708. Il restaure la cathédrale, relève les autels et les tombeaux, réédifie la chapelle Saint-Blaise et plante des graines d'essences méditerranéennes encore présentes de nos jours. Donnée en 1949 au diocèse de Montpellier par la fille de Frédéric Fabrège, l'ancienne cathédrale demeure le témoin d'un riche passé et un exemple d'églises forteresses qui veillaient sur le littoral languedocien au Moyen Âge. Depuis 1840, elle est classée monument historique. Aujourd'hui, ce site d'exception est pris en charge et valorisé depuis 50 ans par Les Compagnons de Maguelone, un établissement de service et d'aide par le travail. Cette association produit et vend du vin issu de cuvées aux noms grecs en souvenir des origines de la presqu'île. Installée au cœur du site Natura 2000 des étangs Palavasiens labellisés, l'association œuvre pour la préservation du patrimoine bâti et de l'environnement naturel.

Adresse Villeneuve-lès-Maguelone, compagnons-de-maguelone.org | **Accès** En voiture depuis Montpellier via la D986 en direction de Palavas-les-Flots | **Horaires d'ouverture** Tous les jours de 9 h à 18 h | **À savoir** Si vous êtes sur place, n'hésitez pas à aller faire un tour aux salines de Villeneuve, qui s'étendent sur 276 hectares des berges de l'étang de Vic au pied du massif de la Gardiole. La faune et la flore en font un lieu d'exception.

89 — La prison

L'idée d'Alexis de Tocqueville

Élaborée au début du XIXe siècle, à l'époque où une nouvelle conception de la politique carcérale se développe, la prison cellulaire prend le pas sur le cachot, dont les normes de construction sont dépassées. Pour donner suite aux observations d'Alexis de Tocqueville, homme politique d'influence du XIXe siècle, un nouveau projet de prison est envisagé à Montpellier, confié à l'architecte Charles Abric. Les travaux sont lancés en 1836, en même temps que la construction du palais de justice qui se trouve à proximité. Cependant, le chantier est suspendu le temps d'obtenir les résultats d'une enquête menée sur les prisons américaines, dirigée par Guillaume Abel Blouet. Deux conceptions s'opposent : d'un côté le système « auburnien » (prison d'Auburn à New York) qui préconise les cellules individuelles pour l'isolement de nuit et des salles communes pour le travail de jour ; de l'autre, le système « pennsylvanien » (selon le modèle de l'Eastern Penitentiary à Philadelphie) isolant totalement les détenus. Ce dernier modèle est adopté par l'administration française et imposé à Abric en 1838 pour Montpellier.

Le plan de la prison présente quatre bâtiments, deux rangées de cellules et trois niveaux, ouvrant sur des galeries. Un corps central polygonal fait office de sanctuaire grâce à un autel. L'architecte a tenu compte du site de l'ancien château seigneurial et de la proximité de la place Royale. Les façades de la prison sont remplies de références médiévales et militaires (baies en plein cintre, meurtrières, échauguettes d'angle, mur à bossages).

Depuis la destruction de la Petite Roquette de Paris en 1974, la prison de Montpellier est la plus ancienne de ce type en France. Fermée en 1990, après la prise d'assaut de la prison en 1985 par les détenus, elle est actuellement inutilisée et attend sa restauration en vue d'une possible réouverture en tant que musée. Aujourd'hui, les détenus sont incarcérés dans un autre établissement à Villeneuve-lès-Maguelone.

Adresse Place du Château, 34000 Montpellier | **Transports en commun** Tram 3/4, arrêt Peyrou – Arc-de-Triomphe | **À savoir** Pour rester dans le thème de la prison, mais de façon beaucoup plus amusante, il est possible de tester un *escape game* inspiré du jeu télévisé *Fort Boyard,* nommé Prison Island Montpellier (45 rue Roland-Garros, 34130 Mauguio).

90_Le puits de la Commanderie

Un symbole méconnu des Hospitaliers

Le puits de la Commanderie se trouve à l'intersection entre la rue du Puits-du-Temple et la rue des Teissiers. Il nous replonge au temps où des moines-chevaliers protégeaient les pèlerins en route pour Jérusalem et partaient en croisade au nom de la foi chrétienne. Souvent décrit comme un puits templier, il est en réalité dédié à l'ordre des Hospitaliers de Saint-Jean de Jérusalem. D'ailleurs, on peut lire sur la plaque commémorative « Puits de la Commanderie de Montpellier de l'Ordre de Saint-Jean de Jérusalem, aujourd'hui Ordre de Malte. »

Créé au XIe siècle pour répondre aux besoins des chrétiens en Terre sainte, l'Ordre des Hospitaliers s'établit à Montpellier au milieu du XIIe siècle. À cette époque, l'ordre était déjà implanté dans d'autres centres urbains de la région, notamment à Saint-Gilles-du-Gard et à Nîmes. Pourtant, relier le puits aux Templiers n'est pas exactement faux : ceux-ci étaient bien présents dans la région, et Montpellier était une commanderie templière puissante. Quand les biens de l'ordre proscrit des Templiers furent transférés aux Hospitaliers en 1312 à la suite des tensions entre la papauté avignonnaise et le roi de France qui réclamait le pouvoir, ces derniers se trouvèrent pourvus du domaine du Grand Saint-Jean et du Petit Saint-Jean, dont le puits est un vestige.

Au XVIIIe siècle, les biens de la commanderie de Montpellier furent recensés dans un atlas ; chacune de leurs possessions est indiquée par une croix de Malte symbolique. Les Hospitaliers sont en effet devenus chevaliers de l'Ordre de Malte en 1530. Cet *Atlas du Petit et du Grand Saint-Jean* est conservé aux archives départementales de l'Hérault. Rue du Plan-d'Agde, une plaque indique l'emplacement de l'ancien cimetière des Hospitaliers qui s'étendait, de 1203 à 1677, de la place Saint-Roch à la rue du Four-des-Flammes, au sein du domaine du Petit Saint-Jean.

Adresse Rue du Puits-du-Temple et rue des Teissiers, 34000 Montpellier | Transports en commun Tram 4, arrêt Saint-Guilhem – Courreau | À savoir Admirez l'hôtel de Fizes au 6 rue du Puits-du-Temple et son incontournable façade du XVIIe siècle.

91_Le puits de saint Roch

L'eau miraculeuse du saint

Une plaque et une statuette sont placées en hauteur dans la rue principale de Montpellier, proche de la place de la Comédie. Elles signalent la maison natale de saint Roch, le saint patron de la ville, ainsi que l'emplacement d'un puits qui, soi-disant, guérit de nombreux maux.

Né à Montpellier vers 1350 dans une famille bourgeoise montpelliéraine, saint Roch suit des études de médecine à l'université et consacre sa vie aux plus démunis. Poussé par la foi chrétienne et par la situation sanitaire déplorable qui favorise le développement des épidémies, il part rapidement pour Rome en pèlerinage et décide de se consacrer au soin des malades de la peste. Atteint lui-même par la maladie alors qu'il se trouve sur le chemin du retour, il se retire dans une forêt pour se laisser mourir. La légende raconte qu'il aurait survécu grâce au chien d'un grand seigneur qui lui aurait apporté chaque jour une miche de pain. Le seigneur suivit un jour son chien, trouva le saint et le soigna. Sauvé par la grâce de Dieu, saint Roch poursuit sa route vers Montpellier, mais, surpris par la guerre en Italie qui opposait les partisans et les adversaires du Vatican, il est emprisonné comme espion du pape. Après 5 ans de captivité, il meurt entre 1376 et 1379, selon les sources.

Roch est rapidement canonisé et Montpellier reçoit une part de ses reliques – la ville possède aujourd'hui son tibia et son bâton de pèlerin. Considéré comme le saint patron des pèlerins et le protecteur des animaux, on le représente souvent avec des traces de la peste sur sa jambe et accompagné d'un chien avec un pain dans la gueule. Partout en Europe, le culte de saint Roch se répand, et principalement en Languedoc et en Italie. À Montpellier, une église lui est consacrée et les croyants le fêtent tous les 16 août. Ce jour-là, un cortège est réalisé en son honneur et, traditionnellement, on boit l'eau de son puits. Mais depuis peu, cette pratique est interdite pour des raisons sanitaires.

Adresse 19bis rue de la Loge, 34000 Montpellier, le puits se trouve dans le magasin de chaussures Erbé, à droite du comptoir | **Transports en commun** Tram 1/2, arrêt Comédie | **Horaires d'ouverture** Magasin : du lundi au samedi de 10 h à 19 h | **À savoir** En 2019, la statue en bois représentant saint Roch, située à l'angle de la rue Vieille-Aiguillerie et de la rue de l'Aiguillerie, a été restaurée et replacée sur son socle. Il faut lever les yeux pour l'apercevoir.

92 Le quartier Port Marianne

Un ancien quartier gitan

Le quartier Port Marianne n'a pas toujours ressemblé à ce qu'il est aujourd'hui. En 1994, la municipalité a un projet d'envergure en tête : agrandir Montpellier pour l'étendre vers la mer, dans la prolongation du quartier Antigone. Après de longues réflexions et un travail d'architectes et d'urbanistes colossal, Port Marianne naît vers 2008, avec l'inauguration du nouvel hôtel de ville en 2011, réalisé par les architectes Jean Nouvel et François Fontès.

Mais dans les années 50, à l'époque où vivaient les premiers habitants, on appelait ces terres le « quartier des barques ». La zone appartenait à une communauté gitane qui s'était installée de façon pérenne et y cultivait le sol. À mesure, les habitants avaient construit des petites maisons de fortune accolées à des jardins. Or, la mise en route du projet Port Marianne vint chambouler la vie de ces familles, qui furent expulsées puis relogées ailleurs. Quelques témoignages ont été recueillis par des nostalgiques du passé. Voici un court témoignage d'un des membres d'une famille qui vivait sur ces terres avec les communautés gitanes : « On rigolait, nous, parce qu'ils étaient de bonne foi ces gens de la mairie, mais comme les gitans voulaient vivre comme ça… Moi je leur disais, "vous perdez votre temps, ce sont des gens qui vivent comme ça. Vous voulez les faire intégrer, c'est bien beau, vous voulez faire des constructions, eux ils habiteront à côté des bâtiments, à quoi bon gaspiller de l'argent ?" C'est la vérité. »

Aujourd'hui ces premiers résidents ont quasiment disparu. Maintenant le neuf et l'ancien, le collectif et l'individuel se côtoient sans se rencontrer. L'agencement urbain est fait de sorte qu'il est difficile de tomber par hasard sur les vestiges du passé, sauf si vous rencontrez un ancien habitant du campement gitan qui accepte de vous y amener. Vous ferez un voyage intime temporel dans ce quartier qui a changé radicalement d'allure en 70 ans !

Adresse Port Marianne, 34000 Montpellier | **Transports en commun** Tram 1/3, arrêt Port-Marianne | **À savoir** Les folies contemporaines, clin d'œil aux demeures de campagne du XVIIIe siècle qui entouraient Montpellier, sont sorties de terre en 2017 et ne cessent de surprendre. C'est le cas de la folie Divine, conçue par l'architecte Farshid Moussavi et située dans les anciens jardins de la Lironde. L'artiste voulait susciter une réflexion sur les nouvelles formes de logement (5 rue Léonard-de-Vinci, 34000 Montpellier).

93_Les richesses de l'hôtel de Montcalm

Tout le génie d'Antoine Giral

Après les guerres de Religion, Montpellier se reconstruisit grâce à son nouveau statut de capitale du Languedoc et à la volonté de la noblesse de symboliser le pouvoir royal. Pour ce faire, les nobles se font construire de luxueux hôtels particuliers, la mode jusqu'au XVIIIe siècle.

L'hôtel de Montcalm est l'un des plus grands hôtels particuliers de Montpellier, avec celui des Trésoriers de la Bourse, construit dans la deuxième moitié du XVIIe siècle. Le 30 mai 1680, Antoine Giral, le fondateur de la plus célèbre dynastie des architectes montpelliérains, est engagé par le propriétaire Pierre de Montcalm pour agrandir le bâtiment, avec l'ajout d'une galerie donnant sur le jardin et d'autres éléments architecturaux – le coût de l'opération est inconnu, puisque les devis n'ont pas été retrouvés, mais devait être faramineux. On lui attribue également l'édification de l'escalier monumental de la cour intérieure : c'est un magnifique escalier à vis qui prend appui sur un noyau creux percé d'ouvertures en plein cintre. Cette partie a été rajoutée tardivement, une fois les travaux finalisés. Dans la cavité évidée se trouvait sûrement une poulie qui permettait aux propriétaires de monter les denrées alimentaires et l'eau. Elle prend jour sur la cour par une vaste ouverture en anse de panier ornée d'une belle balustrade moderne. La rampe est absolument superbe : le sculpteur a ajouté de petites trompes en forme de coquille pour orner et équilibrer l'ensemble. Les maladresses présentes sont voulues par l'architecte. En effet, il reprend le style maniériste qui se veut imparfait et fait le charme de ce lieu.

À l'entrée se trouve une plaque qui rappelle la destinée de Louis-Joseph, marquis de Montcalm, qui hérita de la demeure familiale. Ce commandant en chef des forces armées françaises en Nouvelle-France perdit la vie au cours de la bataille des Plaines d'Abraham en 1759, pendant la guerre de la Conquête de Québec.

Adresse 5 rue de la Friperie (entrée 1) et 3 rue de l'Ancien-Courier (entrée 2), 34000 Montpellier | Transports en commun Tram 1/2, arrêt Comédie | Horaires d'ouverture Bâtiment privé, mais n'hésitez pas à demander l'autorisation à un habitant pour jeter un œil à l'intérieur de la cour | À savoir Au 4 rue de la Friperie se trouve un hôtel particulier du XIXe siècle qui accueille, au dernier niveau, quatre gargouilles aux gueules ouvertes. On les appelle les « têtes à pailles ».

94_Le Rockstore

Sa Cadillac rouge ne passe pas inaperçue

Si vous êtes déjà passé dans la rue de Verdun, vous avez sûrement remarqué un élément atypique qui sort du mur… Vous n'avez pas rêvé, c'est bien une voiture, et plus précisément l'arrière d'une Cadillac rouge (série 62, septième génération) ! L'idée est inspirée de la façade du premier Hard Rock Café de New York.

Avant de devenir un lieu dédié au rock cette adresse accueillait, en 1264, un couvent de moines cordeliers et une grande église catholique romane consacrée par le cardinal Foucaud. La crypte sous terre garde secrètement les moines enterrés. Cette église fut détruite et reconstruite plusieurs fois au rythme des guerres de Religion aux XVIe et XVIIe siècles dans un espace plus modeste. Après plusieurs changements, elle fut transformée en temple protestant en 1803. Elle revêtit une tout autre fonction en 1870 en faisant place à l'Imprimerie centrale du Midi, gérée par les frères Hamelin. Ensuite, l'adresse abrita le Modern Garage en 1903 (l'enseigne d'un mécanicien), puis, en 1927, accueillit le cinéma Odéon. Dès le 3 octobre 1986, le bâtiment devint une place incontournable du rock : le Rockstore. La salle s'installa dans la nef de l'ancienne église, sous ses voûtes. La décoration Art déco, due à deux artistes montpelliérains, Buissou et Vignal, évoque plutôt le music-hall que le rock, mais il ne faut pas s'y laisser prendre : depuis son ouverture s'y sont produits des groupes ou chanteurs devenus célèbres dans le monde entier : Lenny Kravitz, Texas, Radiohead, Placebo, Etienne Daho, Mano Negra, le groupe montpelliérain Rinôçérôse. La musique électro s'invite aussi régulièrement au Rockstore, avec notamment la présence de Jeff Mills ou de Laurent Garnier.

La ville de Montpellier est devenue propriétaire des murs en 2009 et le bâtiment, classé monument historique depuis 2007, a été rénové. Ce lieu mythique de la musique, avec sa façade originale qui attire les regards, est devenu un lieu à ne pas manquer à Montpellier, tant pour son passé que pour son présent.

Adresse 20 rue de Verdun, 34000 Montpellier | Transports en commun Tram 1/2, arrêt Comédie | Horaires d'ouverture Du mardi au samedi de 18 h à 6 h pendant les manifestations musicales | À savoir Après les concerts, les soirées se prolongent dans la grande salle, qui se transforme en discothèque.

95 La salle d'exposition Saint-Ravy

Œuvres d'art sous ogives médiévales

La place Saint-Ravy est un des endroits les plus petits et singuliers du centre-ville. En général, les places marquent les emplacements d'anciennes églises, de couvents ou d'hôtels particuliers. Sur la place Saint-Ravy se trouvait un hôtel particulier, détruit au XIXe siècle. Aujourd'hui, c'est un îlot ensoleillé où s'étalent les terrasses de restaurants autour d'une fontaine rafraîchissante. Sur l'une des façades apparaît une fenêtre ogivale trilobée, rare vestige de l'architecture gothique encore visible dans le centre historique. Datée du XIIIe siècle, elle aurait appartenu au palais des rois d'Aragon et de Majorque, seigneurs de Montpellier de 1204 à 1349. Le quartier, surnommé « quartier aragonais », et les ruelles sombres comme la rue Cauzit donnent une idée de ce qu'était la ville médiévale. Sous la fenêtre gothique se trouve une fresque de carreaux de faïence polychrome portant la mention « Schola de Montpellier », école de chant de Montpellier, réalisée par Raoul Bussy en 1905 – une reproduction moderne donc.

La salle Saint-Ravy est nichée dans un espace magnifique formé de deux salles voûtées. On retrouve ce genre de voûtes ornées dans certaines boutiques du quartier Saint-Roch. Aujourd'hui, la galerie expose les œuvres d'artistes contemporains vivant dans la région. D'ailleurs, le service culturel de la mairie propose régulièrement des appels à candidatures à destination de ces artistes. Sont passés par là Gisèle Cazilhac, Bruno Granouillac, Sylvie Goussopoulos, Karen Thomas ou encore Olga Mrsk. Rénovée en 1976, la galerie a accueilli le service artothèque de 1983 à 1993, utilisé pour l'exposition et la location d'œuvres d'art. La ville acquiert le lieu en 1992 et organise une vingtaine d'expositions par an. La galerie est prêtée gracieusement aux artistes afin qu'ils soient mis en valeur. Le soir, elle ouvre parfois ses portes pour des concerts ou des spectacles.

Adresse 2 rue Cauzit, 34000 Montpellier, saint-ravy.montpellier.fr | **Transports en commun** Tram 1/2, arrêt Comédie | **Horaires d'ouverture** Du mardi au dimanche de 13 h à 19 h en période d'exposition | **À savoir** Au 2bis rue Glaize, la Galerie Nicolas-Xavier, dédiée au street art, possède aussi une superbe voûte en berceau, ainsi qu'une auge qui servait de récipient pour nourrir les chevaux au Moyen Âge.

96 Les sièges de banque

Des symboles de richesse de la ville

Qu'il s'agisse de l'ancien siège du Crédit Lyonnais ou de celui de la Caisse d'Épargne, ces banques du XIXe siècle ont ouvert pour répondre au besoin des nouveaux riches.

Le bâtiment du Crédit Lyonnais se trouve sur le boulevard Victor-Hugo. C'est une œuvre de l'architecte Léopold Carlier réalisée dans la dernière décennie du XIXe siècle. On lui doit également la rénovation du Grand Hôtel du Midi situé à proximité. D'ailleurs, leurs éléments décoratifs sont similaires. En dessous, on peut admirer les détails du blason : au centre, une vierge à l'enfant vêtue d'une robe de gueules et d'un manteau du champ, à l'origine peinte en bleu, la couleur de Montpellier. Le tout est surmonté des lettres A et M en argent voulant dire « Ave Maria ». La vierge en majesté renvoie à l'importance de l'église Sainte-Marie, devenue par la suite Notre-Dame-des-Tables. En dessous sont figurées les armes de la famille seigneuriale des Guilhem : écu d'argent au tourteau de gueules.

L'ancien emplacement de la Caisse d'Épargne, au croisement entre la place Giral et le boulevard Ledru-Rollin, capte le regard par sa belle façade sculptée. Construit au XVIIIe siècle, cet hôtel particulier a abrité, à partir de 1858, la Caisse d'Épargne et Prévoyance. Le bâtiment est agrandi et modifié entre 1914 et 1922 par l'architecte Henri Michel. Celui-ci respecte les édits royaux de 1775 et 1779 imposant de ne pas dépasser le niveau de la place royale du Peyrou. L'architecte conçoit alors un immeuble à un seul étage sur un rez-de-chaussée dont la façade présente des pilastres ioniques. Deux frontons triangulaires décorent la façade principale sur le boulevard. Chacun abrite un cartouche armorié et marque les entrées du public et de l'administration. On peut lire les mots « Travail, Probité et Épargne », gravés dans la pierre. À l'angle, sous l'horloge, figure l'allégorie de l'Épargne montrant une famille confiant ses économies à la Prévoyance, bas-relief du sculpteur Jacques Villeneuve réalisé en 1922.

Adresse Crédit Lyonnais : 20 boulevard Victor-Hugo ; Caisse d'Épargne : croisement entre la place Giral et le boulevard Ledru-Rollin, 34000 Montpellier | À savoir À l'angle de la rue Clapiès des inscriptions encore visibles mentionnent l'existence de bains publics. Au XVIIIe siècle, on comptait à Montpellier deux bains publics et un bain privé, rue des Étuves (voir chap. 11). Ces lieux permettaient de pallier les épidémies, très répandues à l'époque. Aujourd'hui, les lieux accueillent des bureaux de coworking occupés par des avocats indépendants.

97_Le soubassement de la cathédrale

Les vestiges d'une reconstruction inachevée

Avez-vous déjà vu des pilastres colossaux typiques de l'architecture toscane s'élevant vers le ciel qui ne soutiennent aucun édifice ? Vous pourrez en voir à Montpellier, qui constituaient le soubassement d'une cathédrale qui n'a jamais vu le jour.

L'histoire commence en 1622. Après la défaite de la ville assiégée par les armées de Louis XIII, les tensions civiles s'apaisèrent entre catholiques et protestants. L'évêque Pierre de Fenouillet souhaitait remplacer la cathédrale Saint-Pierre, très endommagée par les guerres de Religion : ne restait du monument originel que trois tours et des ruines. L'évêque entendit alors utiliser l'emplacement de l'église Sainte-Croix, détruite elle aussi, pour bâtir une nouvelle cathédrale dédiée à saint Louis. Cet emplacement présentant l'avantage d'être surélevé, le sanctuaire pourrait dominer la ville et prévenir les attaques au canon. Le chapitre fit appel à l'architecte Pierre Levesville pour l'édification. En raison de la forte inclinaison du terrain, celui-ci pensa superposer deux églises : l'une, sous le chœur de la cathédrale servant de paroisse ; l'autre, supérieure, dite « la grande église », comportant une nef, une croisée et un chœur. L'édifice devait mesurer 94 mètres de long sur 37 mètres de large. Un vaste dôme aurait dû s'élancer à près de 46 mètres.

Mais cette annonce fit peur au cardinal de Richelieu qui ne voulait pas que ce futur édifice fasse de l'ombre à la citadelle de la ville. Malgré d'énormes investissements financiers, les travaux s'arrêtèrent 2 ans après, en 1628, à la suite d'une visite du cardinal qui estima le coût du chantier trop élevé. Il ordonna son abandon et la restauration de la cathédrale endommagée. Si cet édifice avait vu le jour, il serait devenu le plus haut lieu catholique montpelliérain. Ainsi, la cathédrale aurait constitué le troisième signe monumental de la reconquête royale de cette ville.

Adresse Au croisement de la rue Saint-Pierre et de la rue Sainte-Croix, 34000 Montpellier | **Transports en commun** Tram 3/4, arrêt Peyrou – Arc-de-Triomphe | **À savoir** Montez une des rues qui encerclent le soubassement et admirez la place avec la vue sur la cathédrale. Elle vaut le détour !

98_La source de l'Avy

Le gouffre du dragon

Située à 8 kilomètres au nord-ouest de Montpellier, Grabels est une commune qui possède un point d'eau légendaire : la source de l'Avy. Nichée sur la rive droite de la Mosson, au centre d'un domaine d'une dizaine d'hectares, la source, parfois nommée le « gouffre du Dragon », car ce trou vertical est profond et a la forme d'un dragon, est liée à une légende très ancienne. On raconte qu'elle serait l'antre d'un énorme dragon qui sort la nuit pour enlever et dévorer les petits enfants désobéissants – évidemment. Il paraît que l'on peut facilement entendre le dragon gronder en période de fortes eaux. On raconte aussi qu'en s'approchant par la rive droite de la source, on peut remarquer que les rochers, érodés par le temps, ont dessiné une forme de fessier plutôt provocante… C'est pourquoi vous pourrez encore croiser des anciens du village qui appellent cette source d'un autre nom, les « fesses-madame » !

Pendant près d'un demi-siècle, le site a été laissé à l'abandon. Mais depuis une dizaine d'années, la municipalité l'a réhabilité et l'a aménagé en parc communal. L'endroit est devenu un lieu de promenade et un site de loisir agréable et boisé.

Grabels est une terre de volcans. En effet, sur ce site se cachent deux petits spécimens éteints nommés le Truc de Redounel (« truc » signifiant ici « petite butte ») et Valmaillargues. Ces deux monticules sont de petites collines très boisées s'étendant sur une superficie d'environ 10 hectares et s'élevant à une altitude de 100 mètres au-dessus de la mer, résultat d'une activité volcanique il y a 26 à 30 millions d'années dans la plaine du Rieumassel.

Aujourd'hui, Valmaillargues est un petit hameau qui domine les vignes de la plaine du Rieumassel. Il n'y a plus de manifestation volcanique… si ce n'est le feu d'artifice du 14 juillet qui a lieu tous les ans au stade du Mas d'Armand, sur une brèche volcanique entre les deux volcans.

Adresse 31 rue du Château, 34790 Grabels | **Accès** En voiture depuis Montpellier par la D127 jusqu'à Grabels et se garer au parking de la source de l'Avy | **À savoir** Les volcans du Salagou et le cirque de Mourèze sont de vrais livres géologiques à ciel ouvert ! Le volcanologue Claude Lesclingand et l'association Demain la Terre y organisent régulièrement des balades commentées à découvrir en famille (tél. 04 67 57 25 44).

99 Le square Planchon

Honneur à la vigne

Niché tout près de la gare Saint-Roch, le square Planchon est le lieu de prédilection des personnes attendant leurs trains et ayant besoin d'un peu de nature. Dessiné en 1858 par les frères paysagistes Bühler, le square, dit alors « du chemin de fer », est représentatif de l'art paysagé de l'époque. Tel un arboretum, il possède un ginkgo (venu du Jardin des plantes), un cèdre du Liban, un marronnier, un érable, un bambou, un platane, etc. Mais l'élément principal qui attire l'œil dès que l'on pénètre dans ce petit parc est son îlot moussu vivant qui s'adapte selon les saisons. On peut y voir des poussées végétales plus ou moins garnies au printemps ou, au contraire, presque nues l'hiver.

À côté se trouve un monument hommage à Jules Émile Planchon, célèbre botaniste, qui sauva la vigne lors de l'épidémie du phylloxera, un puceron dévastateur venant de ceps importés d'Amérique au XIXe siècle. Pour endiguer le mal, le scientifique posa des greffons français sur des pieds de vigne américains, plus résistants au fléau. Grâce à lui, de nombreux vignerons locaux ont pu résister à cet insecte ravageur et, en remerciement, ont commandé au sculpteur de Montpellier Auguste Baussan, en 1892, un buste en bronze de leur sauveur disparu 6 ans auparavant. Le ministre de l'Agriculture de l'époque vint même en personne inaugurer cette sculpture.

En 1910, on donne le nom de Planchon au square, mais la statue est fondue en 1941 avec d'autres objets métalliques de la ville, sans explication. Elle est refaite en pierre par le sculpteur Pierre Guéry. Au niveau de la symbolique, on trouve autour de Planchon un cultivateur lui donnant une grappe de raisins avec des ceps représentant la vigne sauvée. Le buste, quant à lui, est posé tout en haut d'un piédestal en pierre également avec des décorations typiques du XIXe siècle. Encore aujourd'hui, le parc reste l'un des lieux de rendez-vous des Montpelliérains qui ont besoin d'une pause au vert.

Adresse 22 rue de la République, 34000 Montpellier | Transports en commun Tram 1/2/3/4, arrêt Gare-Saint-Roch | Horaires d'ouverture Tous les jours de 8 h à 20 h | À savoir Au square de la Tour-des-Pins, on découvre également un grand nombre de statues de personnalités montpelliéraines : des bustes du botaniste Alfred Moquin-Tandon et de son fils, sculptés par Vincent Taillefer ; un monument dédié au sculpteur Sébastien Auguste Baussan fait par Raoul Dussol ; une statue du neurologue Joseph Grasset, réalisée par Jean-Antonin Injalbert ; et une autre d'Albert Fabre par Jean-Louis Guigues.

100_La statue du Roi-Soleil

Une promenade en l'honneur de Louis XIV

La promenade du Peyrou est la première place royale ouverte sur un site naturel, puisqu'elle fut construite avant celles de Bordeaux et de Paris. Après avoir remporté le concours pour l'aménagement de la place en 1766, l'architecte Jean Antoine Giral divisa le parc en trois parties : l'avant-place avec l'arc de triomphe, la place royale où trône la statue de Louis XIV et la place des eaux avec le château d'eau et l'aqueduc.

L'arc de triomphe a remplacé la vieille porte du Peyrou et célèbre le règne du Roi-Soleil. On découvre quatre médaillons situés sur les portes aveugles, dotées chacune de représentations différentes. Du côté de la promenade du Peyrou figurent les victoires de batailles contre l'Empire germanique (symbolisé par l'aigle) et les Anglo-Saxons (symbolisés par le lion). Du côté de la percée, une prouesse technique est évoquée par deux visages regardant la ville, qui représentent la jonction des deux mers par le canal royal du Languedoc, que l'on connaît aujourd'hui sous le nom de canal du Midi. De l'autre côté, on découvre l'hérésie protestante, interdite par l'édit de Nantes. Et enfin, la porte d'apparat à l'effigie du roi symbolise la fidélité de la ville à Louis XIV.

Dans le prolongement de la porte, on aperçoit la statue équestre, visible depuis le début de la rue Foch. Réalisée à Paris en 1692, elle mit un an à arriver sur place, car le bateau qui la transportait s'était enlisé dans les sables de la Garonne. Le brave Louis faillit également perdre sa tête à la suite de la Révolution : après avoir déboulonné la statue, les révolutionnaires voulurent la replacer en lui mettant le visage de Paul Riquet, concepteur du canal du Midi. Heureusement, le roi a échappé au supplice. Et cette statue a son importance : un édit royal interdisait formellement les constructions plus grandes que la statue. Cette volonté a été ignorée au XIXe siècle lors de l'édification de l'église Sainte-Anne, le plus haut clocher de la ville, mais est de nouveau en vigueur aujourd'hui.

Adresse Promenade du Peyrou, 34000 Montpellier | **Transports en commun** Tram 3/4, arrêt Peyrou – Arc-de-Triomphe | **Horaires d'ouverture** Tous les jours de 7 h à 21 h 30 | **À savoir** Deux statues réalisées par le sculpteur Jean-Antoine Injalbert en 1883 ornent l'entrée de la promenade. Nommées *L'Amour domptant la Force* et *La Force domptant l'Amour*, elles montrent deux chérubins à califourchon sur des lions. On raconte qu'à l'époque, des gardiens étaient postés devant jour et nuit, car des habitantes leur jetaient des cailloux, choquées par le fait que les anges soient sexués.

101 Les symboles antiques du quartier Antigone

Pour cultiver le corps et l'esprit

Le quartier Antigone est un projet né de plusieurs volontés : l'initiative du maire Georges Frêche, élu de 1977 à 2004, de son adjoint à l'urbanisme Raymond Dugrand, qui s'inspire du plan d'urbanisme d'Eugène Beaudouin de 1943, et de l'architecte catalan Ricardo Bofill qui a conçu l'ensemble du quartier. Il a pour objectif d'ouvrir la ville vers le sud-est en direction de la mer et de libérer l'espace urbain.

Ce quartier au style néoclassique débute au Polygone et s'étire jusqu'au Lez. Un axe distinct est tracé de la place du Nombre-d'Or jusqu'à la place de l'Europe. Il est chargé de symboles, car il a la même longueur que les Champs-Élysées (1 910 mètres) et fait aussi écho à la percée structurant le centre de Montpellier à l'ouest : de la place Royale du Peyrou à la rue Foch. Auparavant, l'hôtel de ville était proche de la rue Foch puisque situé sur la place de la Canourgue ; aujourd'hui le siège de la métropole se trouve sur la place Zeus et l'hôtel de région se déploie face au Lez. Ce dernier alimente en eau les habitants depuis le milieu du XIXe siècle et est aujourd'hui orienté vers le nouveau quartier de Port Marianne, se terminant par le nouvel hôtel de ville, conçu par l'architecte Jean Nouvel en 2011.

Construit en raison de l'augmentation croissante de la population, Antigone est un quartier vivant et bien agrémenté : les habitants profitent d'une médiathèque, d'un complexe sportif, de commerces… Un équilibre qui fait écho aux préceptes instaurés par Le Corbusier avec sa Cité Radieuse, mais également par les Grecs qui construisaient des lieux où l'on pouvait cultiver son corps et son esprit. Les noms des places, les statues décoratives et les bâtiments ressemblant à de petits temples sont autant de clins d'œil à cette civilisation. Dernière touche grecque : au milieu de l'hôtel de région, une reproduction de la célèbre *Victoire de Samothrace*, exposée au Louvre, se tient fièrement.

Adresse Quartier Antigone, 34000 Montpellier | Transports en commun Tram 1, arrêt Antigone | À savoir Si vous vous intéressez au street art, vous pouvez suivre les œuvres de l'artiste MifaMosa, qui s'amuse à représenter en mosaïque les noms des rues montpelliéraines. Dans le quartier Antigone, ne manquez pas les dessins de la place de Zeus, de la rue Poséidon ou de la place Dionysos (www.instagram.com/mifamosa/).

102_Le temple protestant

Les vestiges du protestantisme

L'histoire du protestantisme à Montpellier est très marquée par les guerres de Religion. La première église réformée de Montpellier fut implantée en 1560 par l'un de ses dirigeants Guillaume Rondelet, puis fut construit le premier grand temple de plan rectangulaire en 1583. On peut noter aussi un petit temple place Saint-Côme, érigé en 1603, détruit sur ordre de l'intendant de Basville en 1670. Le grand temple, quant à lui, est détruit en 1682, sur ordre de Louis XIV, peu avant la révocation de l'édit de Nantes.

De tous ces lieux de cultures, un seul a survécu. Le temple de Maguelone a été construit entre 1867 et 1870 par trois architectes successifs, lauréats d'un concours : d'abord William Bouwens qui renonça au projet, car son budget dépassait la commande, puis Francisque Estibot qui prit le relais, mais était souvent en désaccord avec le presbytère. Finalement, le troisième et dernier architecte, Louis Corvetto, montpelliérain et protestant, imagina un projet validé, et le temple finit par être construit. Pour la petite anecdote, ce dernier ne voulant pas être payé, il accepta de recevoir un moulage d'une sculpture de Michel-Ange, représentant Moïse.

Les plans de Corvetto prennent en compte les projets de ses prédécesseurs. Son style est original : romano-byzantin, tendance à la seconde moitié du XIXe siècle. On y voit trois arcs en plein cintre et un porche décoré de colonnes engagées. À l'intérieur, les codes sont respectés : sobriété des décorations et pas de représentation de saints. Le temple est inscrit au titre des monuments historiques en 2003 et c'est l'un des seuls éléments patrimoniaux protestants qui subsiste aujourd'hui, avec le cimetière créé en 1809. Ce dernier est le plus ancien et le seul lieu de sépulture privé de la ville. On compte 1 500 tombes qui accueillent essentiellement des protestants, mais pas seulement. Des personnalités célèbres y sont inhumées, comme l'artiste peintre Frédéric Bazille (1841-1870).

Adresse 25 rue de Maguelone, 34000 Montpellier | **Transports en commun** Tram 1/2, arrêt Comédie | **Horaires d'ouverture** Le mardi et le jeudi de 12 h à 14 h, le dimanche de 10 h 30 à 12 h | **À savoir** Deux églises se rapprochant du culte du temple sont intéressantes à découvrir : l'Église protestante unie de Montpellier et agglomération (3 avenue de Palavas) et l'Église réformée évangéliste (5 rue des Augustins).

103_La tour des Pins

Un édifice qui a inspiré Nostradamus

La tour des Pins est l'un des derniers vestiges de l'enceinte médiévale qui protégeait jadis Montpellier. Elle faisait partie des 25 tours composant les remparts, appelés « commune clôture » et élevés par Guilhem VI. Haute de 25 mètres, cette tour arbore les différentes phases de sa construction : sa base en calcaire coquillier date de la fin du XIIe siècle ; la tour est achevée au siècle suivant sous les rois d'Aragon. Le monument présente des styles différents : roman et gothique.

Sur une des faces de la tour est visible une plaque à la mémoire de Jacques le Conquérant, roi d'Aragon et de Majorque, fils de Marie de Montpellier et de Pierre II d'Aragon. Né à Montpellier le 2 février 1208 et seigneur de la ville de 1213 à 1276, il « défendit les faibles, assista les laboureurs, les marchands, les savants et les troubadours ». Le monument doit son nom aux deux pins plantés autrefois à son sommet. Selon la légende, dans les années 1530, Nostradamus, étudiant en médecine à la faculté de Montpellier, aurait prophétisé que « la ville périrait lorsque les pins disparaitraient ». Pourtant, on sait que les pins n'ont en réalité été plantés qu'en 1700, donc bien après la présence de Nostradamus dans la ville ! Quand ces arbres ont été arrachés parce que leurs racines endommageaient l'édifice, ils ont été remplacés par des cyprès, moins agressifs pour la pierre.

La tour a eu plusieurs fonctions au fil du temps : vigie et tour défensive lors de la guerre de Cent Ans et des attaques des routiers, elle est, au cœur des luttes religieuses entre catholiques et protestants, lieu de refuge pour les uns et les autres ; propriété des bénédictins, puis de la Nation en 1792, elle devient prison, puis asile pour jeunes filles repenties vers 1825. En 1886, les archives de la ville y sont transférées et conservées jusqu'en 2002. Depuis, la tour est le siège de deux associations liées aux traditions et à l'histoire de Montpellier : la Baronnie de Caravètes et le groupe folklorique La Garriga.

Adresse 12 boulevard Henri-IV, 34000 Montpellier | **Transports en commun** Tram 4, arrêt Albert-1er – Cathédrale | **Horaires d'ouverture** Le monument appartient à l'association des Barons des Caravètes. Pas de visite à l'intérieur, vous pouvez seulement l'admirer de l'extérieur | **À savoir** L'une des associations qui occupent la tour est une confrérie montpelliéraine appelée la Baronnie de Caravètes, qui préserve une coutume née au XXe siècle. Aujourd'hui encore, on accorde le titre de baron aux habitants nés à Montpellier depuis deux générations. Si auparavant le titre se passait de père en fils, il est à présent aussi ouvert aux filles.

104_Les transformations de l'hôtel Richer de Belleval

Les mille et une vies d'un hôtel particulier

L'hôtel Richer de Belleval est le témoin de l'évolution architecturale du Moyen Âge à nos jours de la ville de Montpellier. Situé sur la plus grande place de la ville, cet endroit accueillait au départ le palais des Guilhem, seigneurs de Montpellier, puis le chapitre des chanoines de la cathédrale de Maguelone. Ensuite, les bâtiments furent plusieurs fois détruits pendant les guerres de Religion et, à partir de 1626, le bâti est en partie démoli pour laisser place au projet de construction de la nouvelle cathédrale qui n'a pas abouti (voir chap. 97). En 1676, un hôtel particulier est finalement reconstruit par Charles de Boulhaco, conseiller à la Cour des comptes de Montpellier, puis est habité par la famille de Pierre Richer de Belleval, le célèbre botaniste et fondateur du Jardin des plantes de Montpellier (voir chap. 38). La famille, qui lui donne son nom, réaménagera le bâtiment jusqu'à son rachat par la municipalité en 1816.

La municipalité rachète l'hôtel Richer de Belleval pour abriter l'hôtel de ville jusqu'en 1975 ; il a ensuite été loué comme annexe du palais de justice jusqu'en 2010. Inscrit en intégralité au titre des monuments historiques en 2015, il est racheté par la société GGL spécialisée dans l'aménagement urbain et sa filiale, la fondation Helenis, en 2017, pour devenir un hôtel de prestige. De superbes décors picturaux ont été découverts, et ont été restaurés par l'atelier d'architecture Philippe Prost, ainsi que des menuiseries allant du XVIIe siècle à nos jours, qui ont été analysées par la DRAC et ont été rénovées. Ces travaux ont permis de comprendre l'importance de ce lieu unique. Il doit aussi beaucoup aux partenariats entre l'État, la collectivité et les acteurs privés, qui ont participé à la revalorisation de l'hôtel Richer de Belleval, qui a retrouvé son charme d'antan.

Adresse Place de la Canourgue, 34000 Montpellier | **Transports en commun** Tram 3/4, arrêt Peyrou – Arc-de-Triomphe | **Horaires d'ouverture** Le bâtiment se visite sur réservation au 04 99 66 18 21 | **À savoir** Rousseau s'est rendu plusieurs fois sur la place de la Canourgue. Dans ses *Confessions*, il écrit d'ailleurs : « À midi j'allais faire un tour à la Canourgue avec quelqu'un de nos jeunes commensaux, qui tous étaient de très-bons enfants : on se rassemblait, on allait dîner. »

105_Les Trois Grâces

Un monument emblématique de la ville

En passant devant les Trois Grâces, vous êtes-vous demandé qui sont ces dames qui trônent au sommet de la fontaine et ce qu'elles représentent ? Avant de devenir le lieu de rendez-vous des jeunes Montpelliérains d'aujourd'hui, ce monument majeur a eu une histoire particulière. Tout commença en 1770 : les consuls décidèrent d'élever une fontaine sur la place de la Canourgue afin d'acheminer l'eau à l'intérieur de la ville depuis l'aqueduc Saint-Clément, dans le prolongement du parc du Peyrou. Faire venir l'eau dans le centre permettrait de lutter plus efficacement contre les incendies et améliorerait grandement les conditions d'hygiène pour la population. En 1773, le sculpteur Étienne Dantoine fut choisi pour réaliser la sculpture qui ornera la fontaine. Originellement, elle devait être en marbre de Carrare, ramené d'Italie, mais l'artiste utilisa des marbres impropres, d'un poids inférieur à ceux prévus, et, sous-traitant les sculptures, fournit des figures trop petites. La municipalité lui intenta un procès qui dura 5 ans, mais le perdit et dut régler le solde à Étienne Dantoine. Au départ prévue devant l'hôtel Richer de Belleval, elle fut finalement installée sur l'actuelle place de la Comédie, après son agrandissement. Achevée en 1776, la fontaine est érigée en 1797, soit une vingtaine d'années plus tard ! Cent ans après, elle est déplacée vers le centre de la place, proche de l'opéra Comédie. En 1989, dans un souci de conservation, la statue des Trois Grâces fut remplacée par un moulage à l'identique, en résine et en matériaux résistants aux intempéries et aux graffitis, tandis que l'original fut installé dans le hall de l'opéra en 1991.

Au sommet de la fontaine dansent les filles de Zeus : Aglaé, personnification de la beauté ; la joyeuse et créative Euphrosyne ; et la verdoyante Thalie, qui assure l'abondance des fruits et des plantes. Ces figures de la mythologie grecque célèbrent une vie festive, mais ordonnée, soumise au dieu Apollon.

Adresse Place de la Comédie, 34000 Montpellier | **Transports en commun** Tram 1/2, arrêt Comédie | **À savoir** Arrêtez-vous au Yam's pour prendre un café ou une boisson fraîche selon la saison dans une ancienne maison datant de 1900. L'adresse fait le bonheur des étudiants montpelliérains sur cette place animée (4 place de la Comédie, 34000 Montpellier).

106 Le trompe-l'œil Édouard-Adam

Illusion d'optique montpelliéraine

À l'angle de la rue de la Saunerie, du boulevard du Jeu-de-Paume et de la Grand-Rue Jean-Moulin, un trompe-l'œil domine la place Édouard-Adam et anime le quartier récemment rénové. Cette immense fresque qui s'étend sur 320 mètres carrés a été réalisée par l'association d'artistes Mad'Art fin 2005.

Sur la gauche se trouve une façade qui fait penser à un immeuble haussmannien. C'est en réalité la représentation du bâtiment qui se trouve à l'angle de la Grand-Rue Jean-Moulin. Au milieu, on découvre un passage qui laisse apercevoir une vue sur les nouvelles halles Laissac fraichement réalisées. À droite est peinte une architecture extra-muros plus récente de type « faubourg populaire ». Ce trompe-l'œil a réussi un tour de force dans l'illusion, entre le vrai et le faux. Aux fenêtres de ce *Jeu de Paume* se sont glissés des personnages célèbres de l'histoire de Montpellier : au dernier niveau, Nostradamus prend des notes sur un manuscrit et tient une loupe pour observer les astres. Au premier, Frédéric Bazille peint sur son balcon en regardant la ville. Autour, des Montpelliérains issus de la vie quotidienne se baladent et, ainsi, se mêle la vie d'aujourd'hui avec l'histoire de la ville depuis le Moyen Âge. D'autres personnages agrémentent la fresque, tels que le célèbre maire Georges Frêche, visible devant la librairie.

Il existe d'autres fresques aux couleurs vives, connues et appréciées dans la ville, comme le trompe-l'œil à proximité de l'église Saint-Roch. Il ne faut également pas manquer la fresque *Médiéval*, peinte en 2006, qui mêle trompe-l'œil architectural et personnages du Moyen Âge, située dans un faubourg commerçant, près de l'avenue Clémenceau. La dernière se trouve dans le quartier Méditerranée, près de la gare Saint-Roch. Nommée *Place du village* et datant de 2003, elle reproduit la place d'un village typique du Midi.

Adresse Place Édouard-Adam, 34000 Montpellier | **Transports en commun** Tram 3/4, arrêt Observatoire | **À savoir** Rendez-vous aux halles Laissac pour découvrir les 24 étals présents dans ce marché à la forme octogonale, et laissez-vous tenter par les produits locaux et de saison de qualité. Primeurs, poissonniers, bouchers, charcutiers, tripiers, fromagers, fleuristes, buvette… Il y en a pour tous les goûts (place Alexandre-Laissac, 34000 Montpellier).

107_Tropisme

Un tiers-lieu culturel et entrepreneurial

Tropisme existe grâce à l'inspiration de quelques personnes issues de la coopérative Illusion & Macadam, codirigé par Vincent Cavaroc. L'équipe milite pour une culture intermédiaire, sans institution ni squat, qui peine à exister dans une ville comme Montpellier, faute d'espaces en friche disponibles. Début 2019, elle a eu la chance d'investir cette ancienne halle de réparation de tanks et de camions de l'armée de 4 000 mètres carrés. Le lieu propose plus de 300 projets par an et héberge au quotidien 200 entrepreneurs d'industries créatives et culturelles ; il accueille également tous les jours des particuliers, des familles, des étudiants, pour diverses manifestations. C'est à la fois un endroit parfait pour voir des expositions, participer à des ateliers, faire du jardinage, mais aussi pour assister à des concerts, à des émissions radio, etc. Des activités culturelles, certes, mais il y a aussi de quoi se restaurer et travailler ! Presque tout est possible à la halle, qui s'inscrit dans l'élan des tiers-lieux, ces espaces protéiformes qui mêlent création et solidarité, enfance et écologie, numérique et gastronomie…

En 2021 les Ateliers Tropisme, à quelques pas de la halle, ont été inaugurés : 1 800 mètres carrés, 34 ateliers et près de 90 artistes qui travaillent au quotidien dans cet espace. Tropisme devient petit à petit un village créatif, niché au milieu d'un ancien quartier militaire en pleine transition.

L'objectif dans 10 ans est de construire des lieux transitoires qui accompagnent la transformation de la ville. Vincent Cavaroc, travailleur indépendant dans le domaine culturel depuis plus de 15 ans, s'intéresse à la façon dont on peut détourner des espaces pour y injecter une bonne dose de culture et de création artistique. Pour lui, ce lieu a subi des aléas dus à la situation sanitaire, mais se relève, toujours plus fort : « Notre fragilité constitue notre faiblesse, mais aussi la force qui nous pousse à nous réinventer chaque jour ».

Adresse 121 rue Fontcouverte, 34000 Montpellier, www.tropisme.coop | **Transports en commun** Tram 3, arrêt Plan-Cabanes, puis 15 minutes à pied | **Horaires d'ouverture** Le lundi et le mardi de 9 h 30 à 20 h, du mercredi au vendredi de 9 h 30 à 1 h, le samedi de 9 h à 1 h et le dimanche de 11 h à 18 h | **À savoir** À une quinzaine de minutes à pied se trouve le plus beau lieu de coworking montpelliérain, nommé The Island. Si vous recherchez de l'espace pour travailler au calme dans une ambiance chaleureuse et dynamique, n'hésitez pas à aller y faire un tour (19 avenue de Toulouse, 34070 Montpellier).

108_Les vestiges du jardin des potiers

Les restes d'un quartier d'artisans

Avez-vous remarqué des vestiges parsemés çà et là en contrebas du Corum, face à l'arrêt de tramway ? Des fouilles préventives ont été réalisées de 1999 à 2001 laissant place à d'intéressantes découvertes, notamment les vestiges de l'église Saint-Esprit, qui était une étape incontournable pour les pèlerins de Saint-Jacques de Compostelle au XIIIe siècle. Dès le Moyen Âge, le site était aussi occupé par des ateliers de potiers, dont les fours sont encore visibles. Certaines pièces sont exposées derrière la vitrine de l'ascenseur qui mène vers l'esplanade Charles-de-Gaulle. Les archéologues ont dévoilé des locaux souterrains, comme des ateliers en grotte, constructions fréquentes autour du bassin méditerranéen.

Situé au nord-est de la ville, le faubourg du Pila Saint-Gély s'est développé dès la création de la cité le long de la route allant de Montpellier à Nîmes et à Saint-Gilles-du-Gard, non loin du ruisseau du Verdanson. Le faubourg se trouvant à l'entrée de la ville, beaucoup d'édifices religieux s'y installèrent, suivis par des hôtelleries afin d'accueillir pèlerins et marchands. Des activités artisanales se fixèrent également ici, non loin du cours d'eau qui permettait de laver le linge ou de colorer les draps notamment. Les archives municipales attestent la production de poterie dans le quartier depuis le XIIIe siècle et le fait que la plupart des artisans se sont établis le long du Verdanson à partir du XIVe siècle. L'atelier de poterie Boissier se crée à la fin du XVe siècle, tout comme celui de Gervais Favières ou de Pessemesse au XVIe siècle, bien que les emplacements des ateliers restent vagues. D'ailleurs, le quartier est reconnu comme l'un des meilleurs lieux pour les réalisations de ce type jusqu'au XVIIIe siècle. Aujourd'hui, ces vestiges sont exposés aux quatre vents et accessibles à tous, entre le Corum d'un côté, l'ancienne porte du Pila Saint-Gély de l'autre et, en face, l'arrêt de tramway.

Adresse Boulevard Bonne-Nouvelle, 34000 Montpellier | **Transports en commun** Tram 1/2/4, arrêt Corum | **À savoir** Chaque année, début novembre, a lieu le salon Ob'art qui se déroule au Corum. Tous les types d'artisanat sont exposés : de la verrerie à la céramique, en passant par la création de mobilier, de vêtements ou d'accessoires.

109_La villa des Cent Regards

La maison du fada

La villa des Cent Regards fait partie des lieux atypiques de Montpellier. Certains la surnomment la « maison du fada » (« fou » en occitan) en référence à son créateur, Victor Grazzi. Tout commence en 1950. Victor Grazzi, un maçon débordant d'imagination, a l'idée de construire un édifice peu commun à partir de son matériau de prédilection : le béton armé ! Tout sera fait avec ce matériau, y compris les portes, les fenêtres et les volets. Sous ses airs de château médiéval, la maison est incroyablement moderne.

Mais cet édifice n'est pas que le résultat d'une folie : il est le symbole d'une histoire d'amour. Le propriétaire a dédié ce château à sa femme Ida, que l'on retrouve dans chaque détail de cette architecture insolite. Pour faire des économies, il a décidé d'utiliser des matériaux de récupération : le sol est recouvert de carreaux de ciments divers, la ferraille et les autres matériaux sont récupérés à la déchetterie. Des ressorts de matelas servent même pour consolider le béton. Malheureusement, Ida décède avant la fin de la construction. Victor reste seul et tente de mener à terme son projet. Il ajoute des éléments décoratifs disparates et originaux, comme une réplique en miniature de l'hôtel particulier de la Coquille, et des éléments végétaux. La maison se transforme lorsque les rayons du soleil viennent frapper les façades, ce qui lui donne un côté féerique, d'où le nom de villa des Cent Regards. Selon Victor, il suffit de faire le tour de la maison pour y porter 100 regards différents. Certains comptent jusqu'à 100 petites fenêtres dans la maison – autant de visions sur le monde.

Dans les années 80, la ville acquiert la villa, mais la laisse à l'abandon. En 2005, l'association locale Cobaty rachète les lieux et de nombreuses activités culturelles voient le jour en lien avec le lycée Léonard-de-Vinci. Hélas, en août 2017, elle est complètement vandalisée et tout s'arrête. Depuis, le responsable et ses bénévoles s'efforcent de restaurer le lieu en respectant celui d'origine.

Adresse 1000 rue de la Roqueturière, 34090 Montpellier | **Transports en commun** Tram 2, arrêt Aiguelongue | **Horaires d'ouverture** Demande de visite privée uniquement. Contactez le gérant de l'association au 06 68 38 65 45 | **À savoir** Non loin de la villa, à 10 minutes à pied, vous pouvez aller flâner au parc du domaine de Méric, un endroit relaxant avec un grand espace vert et une cascade qui se jette dans le Lez (552-634 rue de Ferran, 34090 Montpellier).

110 La villa des Rosiers

Un lieu au passé sombre

Dans le quartier des Beaux-Arts se trouvait autrefois une villa qui répondait au nom de villa des Rosiers. Elle a souvent été confondue avec la villa Saint-Antonin qui abritait les bureaux administratifs du *Kommando der Sicherheitspolizei und der Sicherheitsdienst* (la police allemande) de Montpellier commandé par le lieutenant-colonel SS Hellmut Tanzmann. La villa Saint-Antonin se trouvait au n° 6 de l'avenue de Castelnau, de l'autre côté de la route ; elle a été rasée après la guerre et une plaque commémorative a été apposée à son adresse, ce qui explique la confusion. En réalité, la villa des Rosiers était l'annexe de la villa Saint-Antonin, où avaient lieu les interrogatoires.

À quelques pâtés de maisons de la caserne de Lauwe, cette villa a servi de siège de la Gestapo à Montpellier pendant la Seconde Guerre mondiale. Cette milice, chargée de traquer les opposants au régime – syndicalistes, communistes, juifs… – a torturé des centaines de résistants. Le témoignage d'un résistant nous est parvenu et ce dernier raconte son histoire : « Sur une table étaient installés les instruments de torture les plus inattendus : casques électriques, menottes tranchantes, longues aiguilles de grosseur différente, fer à souder et à repasser, cordes, spéculum, ampoules de liquide, seringues, etc. » Dépouillées de leurs vêtements, les victimes subissaient ces atrocités. La chaise électrique a aussi joué son triste rôle ainsi que des techniques de maltraitance psychologiques, tout aussi cruelles. Après leur passage à la villa des Rosiers, beaucoup de prisonniers furent envoyés au peloton d'exécution extrajudiciaire, alors que d'autres étaient déportés vers les camps de concentration.

Aujourd'hui, la villa des Rosiers est une propriété privée et, chaque 25 août, le lieu accueille une célébration publique pour commémorer ces évènements funestes et rendre hommage aux victimes. Devenue tristement célèbre, elle restera toujours un cauchemar pour ceux qui l'ont connue alors.

Adresse 3 avenue de Castelnau, 34070 Montpellier | Transports en commun Tram 2, arrêt Beaux-Arts, puis marcher 10 minutes à pied | Horaires d'ouverture La maison est privée, donc pas d'accès à l'intérieur | À savoir À 2 minutes à pied se trouve la synagogue Mazal Tov, au 45 rue Proudhon. N'hésitez pas à vous y arrêter et à en admirer l'architecture.

111 La ville balnéaire

Entre tradition et modernité

À la suite des aménagements des bords de la mer Méditerranée et de l'urbanisation croissante, le tranquille village de pêcheurs de Palavas connaît un regain d'intérêt incroyable. Symbole de ce renouveau, le phare de Palavas, ancien château d'eau, date des années 40. Construit entre 1942 et 1943 et culminant à 43 mètres, il servait à alimenter en eau potable la cité jusqu'en 1997. À la fin du XXe siècle, un conseiller municipal le conserva, rénova et transforma sa partie supérieure en observatoire tournant… et y installa un restaurant mouvant ! Le succès est au rendez-vous : les visiteurs peuvent profiter d'une vue panoramique à 360° sur les plages de Palavas.

En 1991, la redoute de Ballestras, ancien fortin de défense militaire du XVIIIe siècle qui se situait auparavant au niveau du phare de Palavas, fut démontée pierre par pierre par les compagnons du devoir, puis reconstruite sur l'île du Levant située sur l'étang du Grec. Depuis 1992, les lieux accueillent le musée Albert-Dubout, du nom du célèbre dessinateur et peintre, amoureux de Palavas et de son petit train. Au travers de ses illustrations, les salles d'exposition présentent la vie de la station balnéaire à l'époque : les vacanciers, le train à vapeur, les transports, le sport, la société… tout ceci dépeint de façon comique et caricaturale.

Malgré ce développement intense, le Sud-Ouest reste une terre de légendes, comme le montre celle de la Dame Blanche de Palavas. Après une soirée, quatre amis auraient aperçu une femme âgée au bord de la route près du pont des Quatre-Canaux. Ils lui auraient gentiment proposé de la ramener, ce qu'elle aurait accepté. Au cours du trajet, elle n'aurait pas prononcé un mot, mais, la voiture arrivant à un endroit dangereux, se serait écriée : « Attention au virage, attention au virage ! » Le conducteur aurait ralenti, sauvant la vie de ses camarades. Puis, sans un bruit, leur bienfaitrice aurait disparu sans laisser de traces. Apparemment, il n'y a pas que les dieux du tourisme qui protègent Palavas…

Adresse 1 place de la Méditerranée, 34250 Palavas-les-Flots | **Accès** En voiture depuis Montpellier, par la D986 | **À savoir** Dans un autre registre, cette fois-ci à La Grande Motte, le casino est un lieu historique qui a été construit peu de temps après la création de la commune en 1968. Depuis septembre 2012, il a été remplacé par le Pasino, qui possède deux restaurants, des bars et des salles de réception et accueille des séminaires d'entreprise. Il a été conçu sur le modèle des casinos de Las Vegas (335 allée des Parcs, 34280 La Grande Motte).

Tout d'abord, je tiens à remercier particulièrement le photographe Samuel Duplaix qui a contribué à l'élaboration de ce travail. Je lance des remerciements à tous ceux qui m'ont aidée, de près ou de loin, dans la rédaction de cet ouvrage : à M. Teule du service culturel de la mairie, à Mme Damour, responsable communication de la CCI Hérault, à Mme Romieu gérante du groupement Habitat Jeunes Montpellier (logé à l'hôtel de Gayon), à Mme Maker du service communication de l'université de Montpellier, à Mme Tuset et M. Vayssettes, conservateurs du patrimoine à la DRAC Occitanie, et à d'autres qui y ont facilité l'avancée de mon travail, à Mme Pinail conservatrice au service du patrimoine historique de l'université de Montpellier, etc. Merci aussi à tous les artisans, commerçants et acteurs du territoire de la ville de Montpellier qui m'ont transmis des informations pour valoriser leurs lieux. Et pour finir, je souhaite remercier mes proches d'avoir apporté de bonnes idées.

Pauline Salembier est passionnée d'art et de voyages, qui la nourrissent depuis toujours. Forte de son parcours universitaire et professionnel dans les domaines du tourisme, de l'histoire de l'art et de la médiation culturelle, elle devient guide régionale Languedoc-Roussillon en 2008, puis guide conférencière. Après des expériences en France et à l'étranger, elle revient dans sa région d'origine et fonde Visit'insolite en 2017, qui propose des visites culturelles hors des sentiers battus en Occitanie.

Samuel Duplaix est né à Montpellier et a découvert la photographie avec son père, amateur éclairé qui développait lui-même ses images dans le laboratoire familial. Formé à l'école Image Ouverte, il commence sa carrière de reporter photographe pour la presse régionale et nationale en 2003, qui a duré 10 ans. Également photographe indépendant depuis 2006, Samuel s'est spécialisé dans la communication des entreprises, la photographie culinaire et la photographie d'architecture.

Fleur Borde
111 Lieux à Bordeaux à ne pas manquer
ISBN 978-3-7408-1290-4

Hilke Mauder
111 Lieux à Toulouse à ne pas manquer
ISBN 978-3-7408-1055-9

Dominique Milherou
111 Lieux à Marseille à ne pas manquer
ISBN 978-3-7408-1051-1

Kay Walter
111 Lieux le long du canal du Midi à ne pas manquer
ISBN 978-3-7408-1054-2

Evelyn Pschak von Rebay
111 Lieux dans les Pyrénées à ne pas manquer
ISBN 978-3-7408-0809-9

Daniel Moirenc
111 Lieux sur la Côte d'Azur à ne pas manquer
ISBN 978-3-7408-0700-9

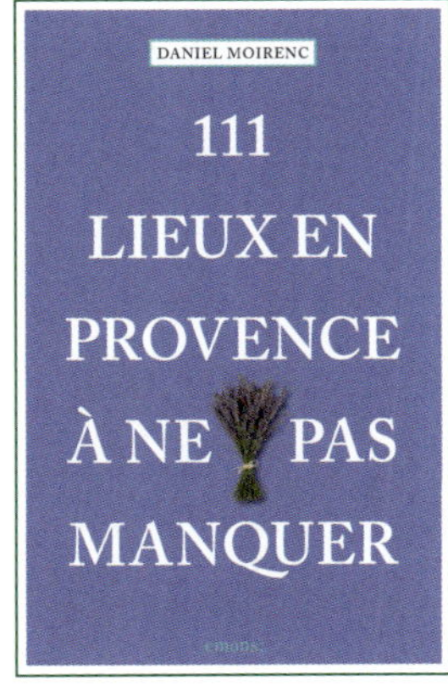

Daniel Moirenc
111 Lieux en Provence à ne pas manquer
ISBN 978-3-7408-0699-6

Sybil Canac, Renée Grimaud, Katia Thomas
111 Lieux à Paris à ne pas manquer
ISBN 978-3-7408-0697-2

Lucie Spileers
111 Lieux à Lille
à ne pas manquer
ISBN 978-3-7408-1228-7

Jean-Christophe Collet
111 Lieux à Rennes
à ne pas manquer
ISBN 978-3-7408-1021-4

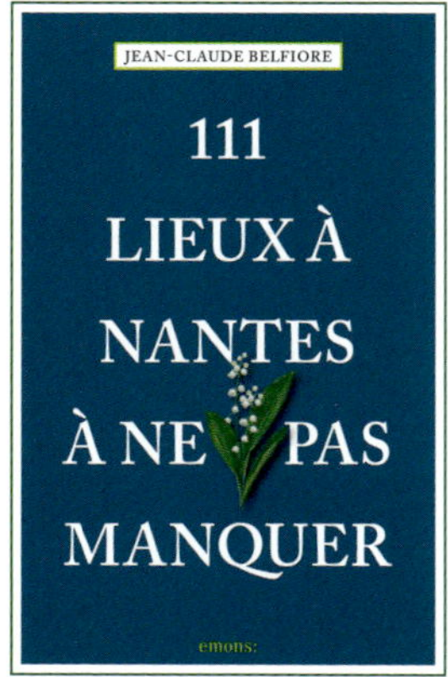

Jean-Claude Belfiore
111 Lieux à Nantes
à ne pas manquer
ISBN 978-3-7408-1052-8

Thibaut Bernardin
111 Lieux à Strasbourg
à ne pas manquer
ISBN 978-3-7408-1022-1

Isabelle Debuchy
111 Lieux à Nancy
à ne pas manquer
ISBN 978-3-7408-1417-5

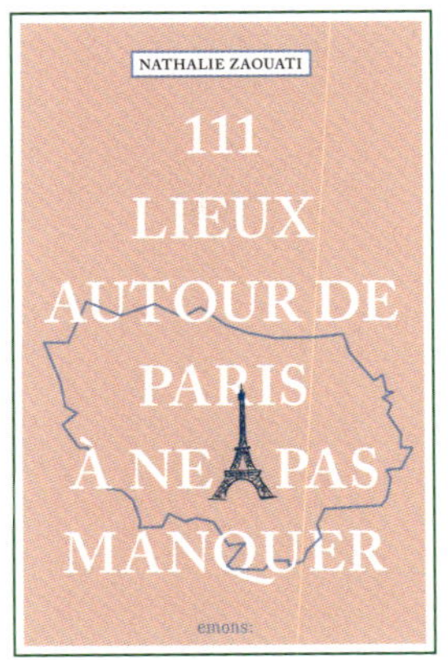

Nathalie Zaouati
111 Lieux autour de Paris
à ne pas manquer
ISBN 978-3-7408-1408-3

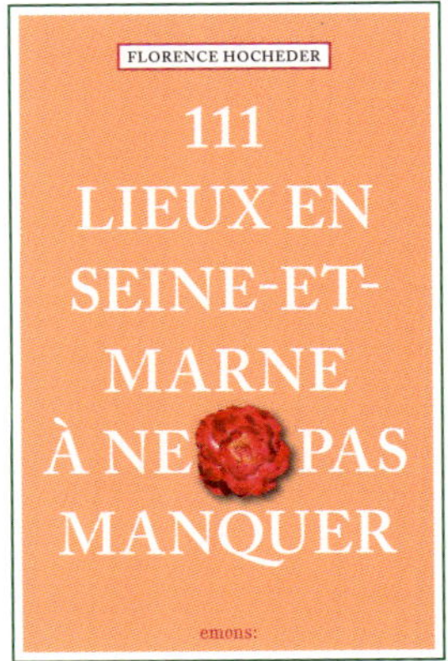

Florence Hocheder
111 Lieux en Seine-et-Marne
à ne pas manquer
ISBN 978-3-7408-1050-4

Marcus X Schmid
111 Lieux en Bretagne
à ne pas manquer
ISBN 978-3-7408-0821-1

Aurore et Edward Lépy
111 Lieux en Loire-Atlantique à ne pas manquer
ISBN 978-3-7408-1409-0

Georges Renocle
111 Lieux des Hauts-de-France à ne pas manquer
ISBN 978-3-7408-1474-8

Bernd Imgrund
111 Whiskies à ne pas manquer
ISBN 978-3-7408-1344-4

Jens Dreisbach
111 Gins à ne pas manquer
ISBN 978-3-7408-1597-4

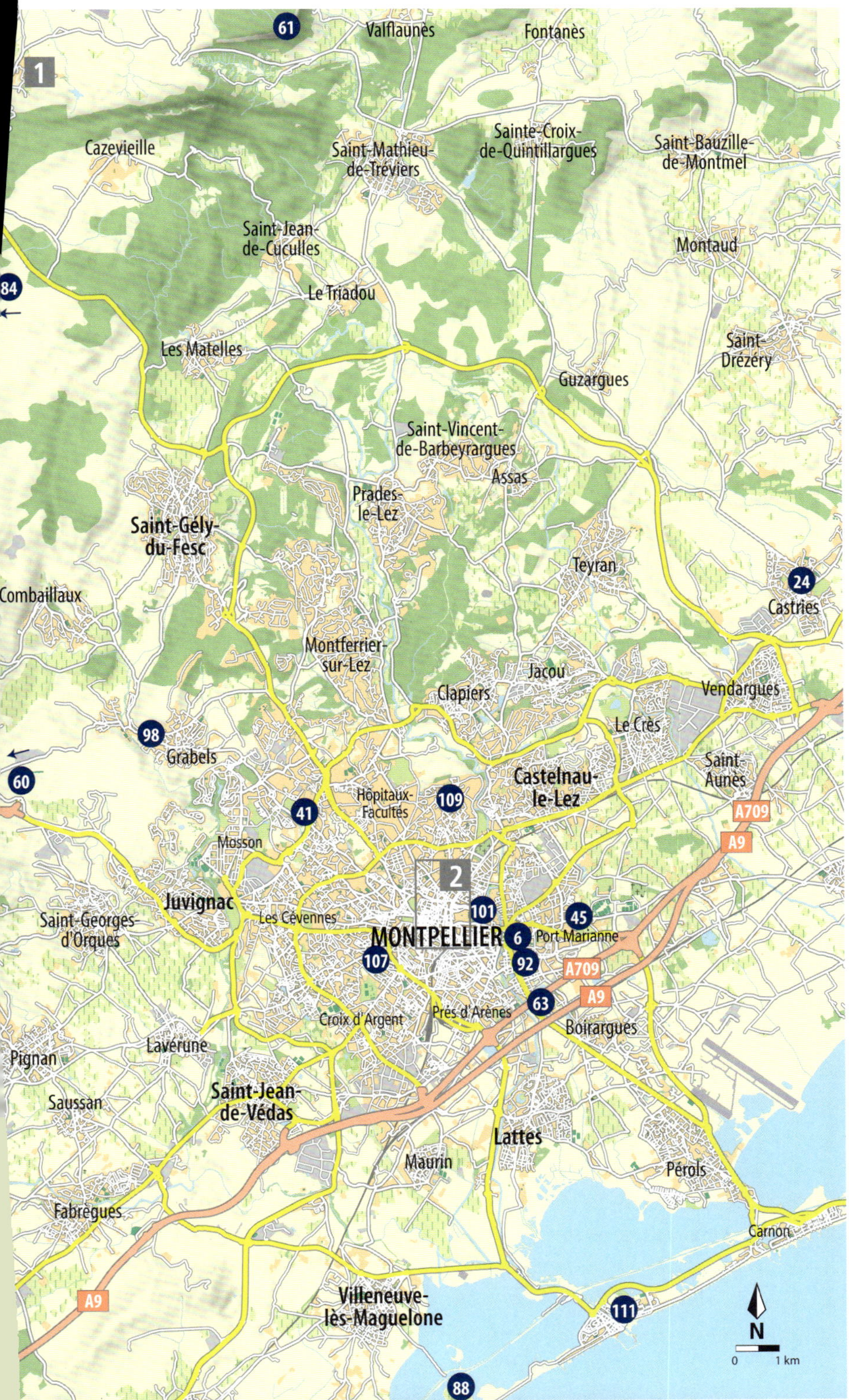

1
61
Valflaunès
Fontanès
Cazevieille
Saint-Mathieu-de-Tréviers
Sainte-Croix-de-Quintillargues
Saint-Bauzille-de-Montmel
Saint-Jean-de-Cuculles
Montaud
84
Le Triadou
Les Matelles
Saint-Drézéry
Guzargues
Saint-Vincent-de-Barbeyrargues
Assas
Prades-le-Lez
Saint-Gély-du-Fesc
Teyran
24
Castries
Combaillaux
Montferrier-sur-Lez
Jacou
Clapiers
Vendargues
Le Crès
98
Grabels
60
Saint-Aunès
Castelnau-le-Lez
Hôpitaux-Facultés
109
41
A709
Mosson
A9
2
Juvignac
101
45
Saint-Georges-d'Orques
Les Cévennes
MONTPELLIER
6
Port Marianne
107
92
A709
63
A9
Prés d'Arènes
Croix d'Argent
Boirargues
Pignan
Lavérune
Saussan
Saint-Jean-de-Védas
Lattes
Maurin
Pérols
Fabrègues
Carnon
A9
Villeneuve-lès-Maguelone
111
N
0
1 km
88

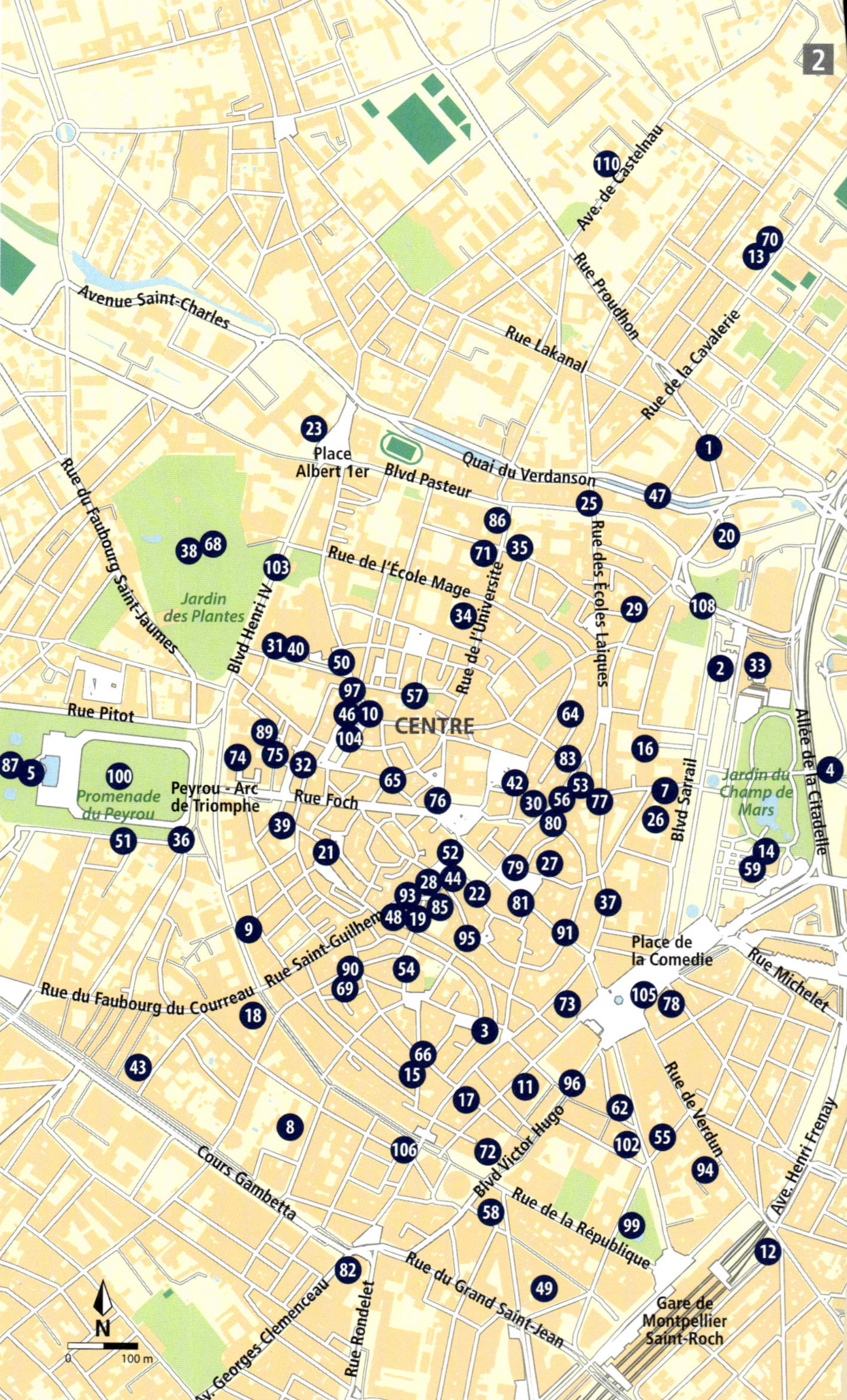
2
Ave. de Castelnau
Avenue Saint-Charles
Rue Proudhon
Rue Lakanal
Rue de la Cavalerie
Place
Albert 1er
Blvd Pasteur
Quai du Verdanson
Rue du Faubourg Saint-Jaumes
Rue de l'École Mage
Rue de l'Université
Rue des Écoles Laïques
Jardin
des Plantes
Blvd Henri IV
Rue Pitot
CENTRE
Blvd Sarrail
Allée de la Citadelle
Jardin du
Champ de
Mars
Promenade
du Peyrou
Peyrou - Arc
de Triomphe
Rue Foch
Place de
la Comedie
Rue Michelet
Rue Saint-Guilhem
Rue du Faubourg du Courreau
Rue de Verdun
Ave. Henri Frenay
Blvd Victor Hugo
Cours Gambetta
Rue de la République
Rue du Grand Saint-Jean
Av. Georges Clemenceau
Rue Rondelet
Gare de
Montpellier
Saint-Roch
N
0
100 m